高校篮球运动多元化发展与训练研究

柏　勇◎著

吉林出版集团股份有限公司
全国百佳图书出版单位

图书在版编目（CIP）数据

高校篮球运动多元化发展与训练研究 / 柏勇著. --
长春：吉林出版集团股份有限公司，2023.9
ISBN 978-7-5731-4263-4

Ⅰ.①高… Ⅱ.①柏… Ⅲ.①篮球运动－运动训练－
教学研究－高等学校 Ⅳ.①G841.2

中国国家版本馆CIP数据核字（2023）第172522号

高校篮球运动多元化发展与训练研究
GAOXIAO LANQIU YUNDONG DUOYUANHUA FAZHAN YU XUNLIAN YANJIU

著　者　柏　勇
责任编辑　马　刚
装帧设计　清　风
开　本　710mm×1000mm　1/16
印　张　12.5
字　数　200千字
版　次　2023年9月第1版
印　次　2023年9月第1次印刷

出　版　吉林出版集团股份有限公司
发　行　吉林音像出版社有限责任公司
　　　　（吉林省长春市南关区福祉大路5788号）

电　话　0431-81629674
印　刷　吉林省信诚印刷有限公司

书　号　ISBN 978-7-5731-4263-4

定　价　58.00元

如发现印装质量问题，影响阅读，请与出版社联系调换。

前　　言

　　教育是全世界文化共同繁荣的催化剂。马克思在《资本论》中指出：
"教育不仅是提高社会生产的一种方法，而且是造就全面发展的人的唯一
方法。"体育是教育的重要组成部分，是推动社会政治、经济、文化全面
发展的积极因素。体育人才是体育事业的核心，是推动体育事业发展的核
心动力。当前，我国正由体育大国向体育强国加速迈进，竞技体育、群众
体育和学校体育正如火如荼地朝着一体化进程发展，改革需要体育人才，
强国需要体育人才，这也无形中提高了体育人才的多元化需求规格。篮球
运动历经百余年的发展，其社会价值、文化功能被大众广泛认可和接受，
并成为全民体育项目。在这样的环境影响下，高校篮球教学顺势而行，颇
受大学生喜爱，未来有着十分广阔的发展前景。因此，在高校面临社会政
治、经济和文化对于人才多元化、高标准的需求的形势下，以往单一的教
学理念已不能满足马克思所倡导的人的全面发展的需求，这就要求体育工
作者及相关人员用新的理论视角重新审视大学篮球课教学的现状与未来。

　　本书采用理论与实践相结合的方法，从高校体育教学和篮球教学的基
础理论出发，从多个角度细致而全面地讨论了我国高校篮球教育的发展脉
络和现状，同时将篮球教学理论知识和教学实践相结合，不仅分析了当前
高校篮球教学中存在的问题，而且结合当代体育教学的新要求和新理念，
阐述了多元化创新篮球教学模式的教学效果，通过循序渐进的论述和教学
实践分析，讨论了提高高校篮球教学水平的策略和方法。

　　本书在撰写过程中参考及引用了部分文献资料，在此向有关作者表示
感谢；同时，也感谢出版社编辑的辛苦付出。由于笔者水平有限，时间仓
促，难免有疏漏之处，敬请各位同行、专家提出修改意见及建议。

柏　勇

2023年2月

目　录

第一章　高校篮球运动教学理论概述

第一节　我国高校体育教学概述

一、体育教学的内涵

（一）体育的概念

关于体育的概念，可以从广义和狭义两个角度进行分析。

从广义的角度看，体育称之为体育运动，这是一种有意识的社会活动，并常常伴有组织性。体育活动以身体练习为基本手段，其目的是增强人的体质、促进人的全面发展、丰富人们的社会文化生活和促进社会精神文明发展。体育在整个社会中具有重要作用。

从狭义的角度看，体育侧重于"育"，也就是体育教育，这是一个教育过程，其目的是发展学生的身体，增强学生的体质；体育教师不仅要向学生传授锻炼身体的知识，提高学生的体育技能，同时还要培养学生的意志。换句话说，狭义角度的体育是培育学生成才和塑造学生身体的教育过程，是我国培养全面发展人才的一个重要方面。

高校体育，主要包括大学生的早操，还有高校体育课程教学、课外锻炼、课余训练及课余体育竞赛等。换句话说，高校体育是由各种不同的体育项目和活动组合而成，都是学校体育的组织形式，它们共同构成高校体育工作的整体。

（二）体育教学内涵概述

今天，体育不仅仅是一种具有明确宗旨、全民积极参与，以及紧密结合政治、经济、文化和教育等多种因素而形成的复杂运动。在不断推陈出新、不断探索未知领域的过程中，它不仅仅是一种运动，更是一种思想和行为上的变革。根据体育的目的、对象和任务，体育主要由学校体育、社会体育和竞技体育组成。其中，从学校体育这个角度看，体育教学是学校体育的重要组成部分。学校是一个人成长过程中身处时间除了家庭外最久的地方，在学校所受的教育是一个人成长并成才的最主要途径。体育在学校教育中扮演着至关重要的角色，而体育课程则是这种活动的核心形式。高校体育的活动内容与组织形式都属于学校体育，因而笔者从学校的角度出发，总结高校体育教学的内涵如下。

第一，体育教学是一个动态的过程，是以教师为主导、学生为主体的认知过程。体育课堂应该充满激情和创造力，教师应该引领学生走上一条自我发展的道路，不仅通过体育课堂上的运动实践和技巧练习来提高学生的身心健康，还要将德育和美育融入大学生的日常行为之中。因此，体育教学将培养下一代，即育人，作为教学重点。

第二，体育课是一门重要且具有挑战性的课程。它旨在通过提高学生的运动技巧和意识，来培育他们优秀的道德品质和身心素质。通过系统的训练和比赛，教师可以帮助他们更好地适应社会，并为大学生未来的成功打下坚实基础。

第三，体育教学是学校教育的组成部分。体育教学不是孤立的，不仅与德、智、美、劳的教育课程相配合，而且与心理学、社会学、生物学、教育学等学科有交叉。通过系统性的训练和实践，教师可以帮助大学生在多个方面取得更大的成就。因此，高校体育教师需要制订明确的教学计划和训练方案，并积极引领大学生参加各种体育活动，从而增强他们对"终身体育"的认知和实践能力。

第四，体育教学是一种综合性的活动，旨在通过有目标、有计划、有组织的方式来提高学生的身心健康。体育教学不仅仅是凭借一定技能进行的体育活动，体育教师的"教"是在引领学生参与运动的基础上，锻炼学生的体育技能达到一定的标准。换句话说，体育教学要让学生感受体育活动的积累，进而提升体育技能水平。因此，体育教学必须由多项体育活动组合而成。

第五，体育教学渗透着道德品质教育。身体力行地进行全身心活动是体育教学有别于其他教育的一个重要方面，从这个角度讲，体育教学是行动教育。比如，长跑会使学生身心疲惫，尤其是下肢酸软，但体育教师可以教育学生克服困难，目标就在前方，坚持就是胜利，从而培养学生坚持、坚毅的意志。在体育教学中渗透道德品质教育，可以更容易地培养学生的意志力，而且这种方式的教学效果也更加实用。

第六，体育教学渗透着美育。通过体育教学，大学生能够深入地探索并实践"美"的概念，从而激发审美趣味，提升身心健康。要塑造全面发展的人，美育教育是不可缺少的，而体育中渗透着大量的美育因素，"从身体角度，可以意识到身体线条美、匀称美、姿势美、健康美、肤色美等；从运动角度，可以意识到形态美、跃动美、韵律美、和谐美、敏捷美、柔韧美、力量美等；从行为角度，可以意识到协作美、结构美、道德美、忍耐美、热情美、淳朴美、机智美等。更重要的是，运动者在运动中可以在身体和精神上得到满足和充实，享受美。当然，美的教育应是有意识的、潜移默化的。体育教育工作者应该培养自己对现实中美的感受、判断和评价的能力，研究美感的生理、心理基础和社会根源，从科学的意义上懂得美，懂得审美常识"①。

二、体育教学的特点

体育教学与其他课程不同，它的独特之处在于它的教学内容和方法。从影响教学过程的各方面来看，体育教学在许多方面都有独特的优势。

1. 教学目标的多元性

现代教育注重培养人们的综合素质，包括理解力、创造力、实践力以及个人的潜力，并且致力于通过培养人们的情绪、思维、技巧来实现这些目标。从这个角度讲，体育教学不仅教导学生学习和掌握与体育运动项目有关的知识、技能，提高学生的体能和体育技能水平，还要促进身体的健

---

① 杨兴洪. 当今体育在育人中的作用 [J]. 职业技术，2010（7）：47.

康发展；同时，体育教学让学生通过体育活动调节自身的情感，从而提高个人的心理素质和社会化水平，并树立"终身体育"的观念。体育教学的目标更加广泛，因此它的多元性也更加突出。

2. 教学大纲的灵活性

为了满足健康教育的需求，体育教学大纲将朝着多样化的方向发展，高校的体育课程计划也随之转变。比如，在全国统一的体育教育思想的指导下，各地区根据各自的特点编制地方性大纲。这意味着地方高校的体育课程、教学计划将会更加个性化，并且会更加具有针对性、引领性、实用性以及灵活性。这些新的课程计划旨在为所有人提供更好的服务，并且保持其权威。

3. 教学内容的实践性

体育教学的内容包括身体锻炼与练习、运动技术与技能的学习、比赛等，以"身体活动"为主要手段。在体育课堂上，通过不断的训练和竞争，教师可以帮助学生更好地理解和应用所学的内容，使身体活动与思维活动有机结合，并在日常锻炼中发挥作用。因此，实践性是体育教学内容最突出的特点之一。

4. 教学方法的综合性

与传统的体育教学相比，现代的体育教学应用了系统论的观点，并且表现出的教学目标是多元的。教学目标多元，自然教学方法也应当多种多样。现代的教学理念已经超越了传统的单一授课形式，强调将多种技能融入课堂，采用灵活的课堂组织形式，让每个人都能够参与其中，从而实现最佳的课堂效果。体育课堂既包括教师的授课，也包括学生的自主探索，课堂内容丰富，课堂目的也涵盖了许多领域。为了更好地满足体育课堂的变化，体育教师必须根据学生的个人情况、特长和体育项目练习阶段来确定合适的教学方式。这样才能更好地帮助他们掌握最新的知识和技能，满足他们的兴趣和发挥潜能。当今社会快速变化，传统的教学模式已经无法满足当代社会对高素质人才的需求。从这个意义上讲，教学方法选择的综合性是当代体育教学发展的必然趋势。

5. 教学组织的复杂性

对于体育课的安排，有两个重点需要考虑。一方面，考虑课堂的环境。课堂环境对体育课程的安排有重要影响。通常情况下，体育课堂大多都设置在室外，但也有部分体育项目适合在室内，如健美操、游泳。大多数体育项目，如足球、篮球、田径等，课堂都是室外环境。因此，受气候、自然环境的影响较大。为了有效地实施体育教学，体育教师需要根据不同的季节、天气和自然条件来安排课堂。与室内的体育活动不同，室外的体育活动需要作出特别安排。另一方面，考虑教学的内容设计。由于活动的频率和强度，通常情况下，教师和大学生的活动量会随着活动的进行而变化，使得体育活动的安排变得复杂，并且需要考虑多种多样的因素，包括活动的时长、活动的范围、活动的内容、活动的场地和设备的使用。为了胜任复杂的体育课程，教师需具备良好的综合素质，并通过严格的培养和考核才能胜任。

6. 教学评价的及时性

体育课的评估需要考虑许多因素，包括课堂的目的、课堂的内容、课堂的时间安排、课堂的质量、教学的效果等。这些因素都会影响体育课的评估，与其他教学评价相比显得更复杂。因此，体育教学的评价应该着眼于课堂的整体情况，更注重其锻炼效果的过程评价，而非仅仅关注课堂的单个环节。此外，体育课的成绩并非总是通过书本上的数据来衡量，而是通过观察、思考、反思来衡量。体育行为一旦中断，体育学习的结果（如体能、机能和技能已经发生的积极变化）会很快地消退，学生对技能的掌握情况在体育动作行为中止后评价对象也就不复存在。因此，对体育教学，特别是对学生体育学习的情况及时地进行评价，才能对学生的学习做到及时反馈、不断提高，并尽可能延长和保持好的体育学习效果，修正不良的体育学习行为。在体育教学的过程中，尤其是在学生进行体育锻炼时，教师应该给予更多的关注，而不仅仅停留在简短的总结上。

三、国内外体育教学的历史沿革

（一）国外体育教学的历史沿革

1. 19世纪学校体育空前发展

首先，在学校体育教学内容方面，瑞士民主主义教育家约翰·裴斯泰洛齐（Johann Pestalozzi）提出了很多教育理论方面的独创论述，对世界学校体育产生了重要的影响，促进了学校体育课程的成熟化发展。裴斯泰洛齐的"教育心理学化"及"要素"的观点给教师带来了重要的启示，他强调"教育应按照自然法则对学生的道德、智慧和身体各方面的能力进行均衡发展"，主张"重视体育活动中的学生的关节活动"和"按照人体关节活动的难易程度安排体育教学"[①]。

其次，在学校体育教学人才培养方面，随着学校体育教学在学校教育中的地位不断提高，世界上许多经济发达国家，如美国、瑞典、德国等在重视体育教育对劳动力素质发展促进作用的基础上，纷纷重视学校体育教育，开办体育学校，并注重专门的体育教师的培养，使体育运动课程得到更加全面和系统的发展。

最后，随着学校体育教学的发展，关于学校体育教学的研究不断深入，体育教育思想也得到了进一步发展。同时，为了更好地促进学校体育教学活动的开展，学校体育还形成了课程化的形式和班级、年级授课的方式，具有现代意义的体育教育教学发展成熟。

2. 20世纪现代体育教学发展

从20世纪初期开始，世界各国结合本国实际进行学校体育教学改革，很多新的体育教学理论、体育教学思想、体育教学方法在这一时期被提出并应用，为之后的学校体育教学发展、改革、完善奠定了思想与观念基础，具有重要的进步意义。在现代学校教育改革与发展方面，各国各地区有不同的侧重。

在欧洲，奥地利学者高尔霍夫尔（K.Golhoffer）提出"儿童中心主义"

---

① 石龙，王桂荣. 西方体育人文价值的演变［J］. 中国体育科技，2008（5）：20-30.

的教学法，指出应根据儿童生长发育规律、兴趣爱好等来设计体育活动、安排体育课程教学内容。同时，高尔霍夫尔还首次提出要在体育教学中关注儿童的速度、耐力和灵敏素质发展，结合儿童身体素质发展规律安排体育课程教学，这对于当时的西方学校体育教学，乃至全世界的体育教学来说，都是一个创新性教学改革与完善建议。

在美洲，美国兴起了"新体育"理论，这是新体育运动中有关于体育课程改革的主要理论。在该理论的影响下，美国学校体育教育开始将教学的重点放在关注学生的身心健康发展方面，同时从个人健康向整个社会的健康辐射。"新体育"理论代表者托马斯·伍德（Tomas Wood）和克拉克·赫瑟林顿（Clark Hetherington）提出应重新审视体育的目标和手段，关注学生个体健康，关注整个社会的体育教育，对欧洲体育教学进行了本土改造。伍德明确指出，体育应关注学生的全面发展，包括学生的社会生活、文化等方面的发展，体育教育应是全面的教育。

在亚洲，日本在学校体育教育方面非常重视而且获得了较快的发展。1947年，日本颁发实施《学校体育指导纲要》，明确了学校体育在国民体质健康促进和社会道德发展方面的重要作用，通过学校体育教育，重视对学生实施"人的教育"。亚洲其他一些刚建立的社会主义国家受苏联的影响，采取劳动与卫国体育制度开展学校体育教学，统一制定学校体育大纲，建立体育院校，并集中对各学校教师进行师资培训。在全国范围内，推广青少年体育锻炼达标教育，在一定程度上促进了整个社会体育教育体系的完善。

3．21世纪现代体育教学发展新特点

21世纪，随着信息时代的到来，更多的现代化信息技术在教育教学中得到应用，同时世界范围内的各种信息交流日益频繁，信息促进了政治、经济、文化、教育交流的加深与融合。当前，世界范围内的学校体育教育基本上都统一了科学的体育教学方向，以科学的教学理论为指导，只是各国的学校体育教学发展水平不同。

目前，世界范围内的体育教学呈现以下几个特点：其一，更加重视终身体育、健康休闲；其二，教学内容更丰富、更多元；其三，重视体育的多元教育功能的实现，关注学生身体健康发展，也关心体育的心理健康、智育、美育、社会价值的实现；其四，体育教学形式和方法多样化，新的信息技术在体育教学中开始广泛应用，如电化教学、微课教学，以及基于计算机信息技术与通信技术的网络教学、移动教学等；其五，重视体育教学评价与教学效果检测，各种现代化检测仪器、健康标准应用于学生的体育教学测评。

（二）我国体育教学的历史沿革与发展

1. 晚清民国时期我国体育教学的发展

（1）教会思想影响下的体育教学

清朝末期，我国被西方武力敲开国门，国外一些文化和思想也随之流入我国，我国近现代的学校体育教育深受西方学校体育教学思想与内容的影响，在西方教育思想影响下，我国近代学校和学校体育逐渐发展起来。在西方传教士创办的教会学校中，基督教青年会为了传播宗教文化，会经常举办各种教会活动，不仅有专门宣传教会思想的活动，也将很多体育活动与项目介绍到我国，受此影响，很多学校开设了与教会学校相同的体育课。

（2）"强国强种"影响下的体育教学

鸦片战争之后，为了实现强国强种，统治阶级以及社会有识之士都进行了教育改革方面的尝试。在内忧外患的社会背景下，为寻求新的救国方案，社会有识之士主张学习西方，创办西式学堂，发起"师夷长技以制夷"的洋务运动，为了保国强种，学校教育引入西方体育，开设"体操"课程。为了缓解社会激化的矛盾，清政府尝试推行"新政"。一番努力之下，我国现代学校体育教育初步成形。洋务运动后，资产阶级改良派大力兴办新式学堂，重视学校体育教育。1903年，《奏定学堂章程》的颁布标志着中国两千多年来一直没有体育课程的历史被终结。为了推动现代教育的发展，社会上的有识之士开始探索"强国强种"。比如严复提出了德、智、体三育并重的理念，其中体育被视为最重要的一环。在辛亥革命之后，学校体育实行"双轨现象"，并在课堂和课外建立了两种不同的体育课程体系。

（3）军国民体育思想影响下的体育教学

19世纪末20世纪初，随着日本、德国列强入侵，军国民教育思想传入我国，简单来说，这种教育思想主张"全民皆兵"，主张对青少年进行军事体育训练，从娃娃抓起，增强国民强身健体、健身卫国的思想和体能素质。军国民体育思想在我国受到一定的关注，受我国当时内忧外患的国情影响，很多爱国志士都对这一思想进行了分析与思考，如蔡元培先生就很重视对学生的军事和体育训练。但是，军国民体育思想并未在我国得到广泛实施，究其原因，军国民体育思想在我国始终没有形成一定的理论体系。1922年，《壬戌学制》出台，军国民主义教育彻底没落。1923年，北洋政府颁布《中小学课程纲要草案》，改"体操科"为"体育科"，学校体育教学的主要教学内容以球类、田径、游泳等为主，增设生理卫生、保健教学内容，这一时期，我国近代学校体育得到了进一步完善。

（4）自然主义体育思想影响下的体育教学

在教育方面，以让-雅克·卢梭（Jean-Jacques Rousseau）为代表的自然主义教育学者提出了自然主义体育思潮，极大地促进了西方体育教育的发展，这种思想也传入我国，影响和促进了我国学校体育教学的发展。西方自然主义体育教学理念强调，在自然环境中进行体育锻炼可以促进人体健康，体育活动应该充分考虑学生的个性特点，以促进他们的身心健康。新文化运动过程中，自然主义体育思想批判了军国民教育思想，主张体育教育应该更加关注人的身心健康发展。

（5）国粹主义思潮影响下的体育教学

20世纪30年代，随着世界各国体育文化的相互影响和竞争，我国也出现了"土洋体育之争"。"土体育"提出的观点是，应该将重点放在传统的国术（武术），西洋体育则作为辅助，并且鼓励学生参与军事训练和劳动，而不参加任何国际比赛。"洋体育"强调采用西方的运动理念和教育模式，主张"体育的最低目的是健康，最高的目的为文化"，反对"军事训练"与"以劳动代替运动"。这一时期，我国学校体育教学内容以西方体育技术传习为主，以武术为代表的民族传统体育主要在民间流传发展。

（6）"救国救民"影响下的体育教学

在中西方体育政治、经济、文化的激烈碰撞下，体育教育者对体育教育教学的作用也进行了深入的思考与辩论。一些学者认为，体育教育不应仅限于促进个人发展，还应为促进国家发展做贡献。一些学者提出，教育的功能应该是体育教育的首要任务，不仅要关注和重视人的发展，更要求教师必须努力帮助学生获得身心健康的发展，以培养出符合社会发展的优秀人才。

（7）苏联体育思想影响下的体育教学

自中国共产党诞生以来，一直高度关注和支持教育事业的发展，在中国共产党的指引下，解放区的学校积极组织多样的体育运动，以满足当时的军队和人们的实际需求，学校体育兼具战斗性、大众化、民主性等特点。

（8）国民党西方体育教学思想指导下的体育教育

国民党推行和提倡西方体育教育模式与内容，但由于国民党的工作重心主要集中在战事上而非教育上，故而国民党统治区的学校体育教学发展缓慢。国共两党各自的体育思想和体育教育政策，都在一定程度上促进了我国近代学校体育教学的发展，并为之后的体育教学奠定了基础。

2. 新中国成立后我国体育教学的发展

1949年中华人民共和国成立之后，我国的体育教育思想与国家政治、经济的建设与发展紧密结合在一起，表现出一些特殊的思想特征。中国社会各领域开始"向苏联学习"，体育教学的思想也具有这一特点。受政治因素影响，中华人民共和国的体育教学照搬苏联模式，西方学校体育思想被全面否定。

1952年，成立了我国历史上第一所体育学院——华东体育学院。社会主义改造基本完成后，各级学校广泛开展体育活动，增强学生体质，同时体育教师不断改进体育教学方法，但一些"不切实际"的发展问题在学校体育教学中出现，对我国当时的学校体育教学和学生的健康发展不利。1977年以后，我国社会各项事业重新步入正轨，学校体育工作逐渐恢复。

改革开放后，在竞技体育思想的影响下，学校体育教育开始重视学生的竞技体育能力发展，重点强调在教学中加强训练，发展竞技能力。随着"金牌数量"和"奥运成绩"的推行，一些学校的体育课程偏重于竞技运动训练，而不是关注学生的身心健康，也没有考虑他们对于体育的热情，从而导致竞争性的体育活动变得普遍。这一时期，学生在高压的训练环境中参与体育（训练）活动，打击了学生的体育学习积极性。

20世纪80年代开始，我国一些学者对只关注学生体质的体育教学提出疑问，体育教学开始重视促进学生的身体、心理、社会性综合发展。

20世纪90年代，中国进一步以开放姿态迎接世界，引进了大量的国外先进思想，使得中国的教育理念变得更加丰富多彩，在这种新的体育教学理念的推动下，中国的体育教学不断探索，并且不断推出新的改革措施。"快乐教育""成功教育""终身体育""健康第一"等成为我国学校体育教学的重要指导思想，促进了我国学校体育教学的科学化发展。

进入21世纪以后，在新课改背景下，我国体育教学向着更加健康和科学的方向发展，新的教学理念，如"健康第一""以人为本""终身体育"等，在体育教学中贯彻实施，体育教育教学的多元教育功能受到教师的重视。现阶段，我国学校体育教学体系已经成熟，并在不断完善，学校体育教学正在稳步、持续、健康地向前发展。

四、我国高校体育教学的教学原则

高校体育教学必须遵循体育教学的基本原则，才可以确保大学生掌握所需的体育知识、技能以及技术。不仅如此，这些原则之间还存在着密切的联系，并且可以组合起来，形成一套完整的体系。因为智力因素与非智力因素之间存在着密切的联系，所以需要建立一套完整的体育教学原则体系来指导体育课堂活动。体育教学原则既有共同性，也有特殊性，不同的学生应采取不同的体育教学原则体系。无论从哪个角度或出发点来提出体育教学原则体系，都必须突出体育教学的特点，体现体育教学特点的内容，这也是制定体育教学原则最为基本的要求。

（一）学生主体性原则

在学校体育教学过程中，始终以学生作为学习的主体，体育教师的一切教学活动应根据主体（学生）的需要和生理、心理等特点来安排。将学生视为体育教学的核心，所有课堂活动都会充分考虑他们的生理、心理因素。通过各种教学方式和设计，使每个大学生都能够充分发挥他们的潜力，并且不断进步。在学习过程中，教师应该认真对待每一名大学生，并且充分肯定他们的独立思考能力。同时，教师也应该鼓励大学生展示自己的才华，并且让他们感受到成功的喜悦。这样才能真正帮助大学生成为具备独特风格、高超技能的人。体育教师需要积极地指导学生，让他们积极参与到课堂活动之中，激发他们的运动热情，达到体育教学目的。坚持以学生为本，让"以生为本"的教学理念深入人心，让每一位大学生都可以从课堂上获益，让他们的思维更加活跃，从而推进体育课程的不断进步。在课堂上，教师应该尊重每一位学生的独特需求，承认不同层次学生间的个体差异，并且关注他们的个人潜能，重视大学生的个性发展。

（二）身心全面发展原则

身心全面发展原则，是指体育教学的重点不但在于学生的身体发育与体育技能的学习和掌握，而且要从心理角度完善学生的品德与意志，促进学生的身心健康全面发展。传统体育教学偏重于身体发育与体育技能水平，现代体育教学则需要从心理的、社会的、生物的等多元观念全面认识体育教学。

1. 重视提高学生的运动技能水平

（1）正确认识提高运动技能在体育教学中的意义

"师者，所以传道受业解惑也"。在体育运动课程中，"授业"教师的职责是帮助学生掌握体育运动技术，这不仅是"解惑"课程的基础，也是学生锻炼身体、提高体能的重要途径。虽然"兴趣是最好的老师"，但获得乐趣才有兴趣可言。只有提高运动技能，学生才能体验到运动的乐趣。提高学生的运动技能，这既是体育教学的基本要求，也是衡量体育教师工作水平的一个重要指标。体育教师应该深刻理解：培养大学生的运动技能和促进其身心健康发展，才可能真正成为一名优秀的体育教师。

（2）明确运动技能教学的目的，让学生有层次地掌握运动技能

通过"健康第一"及"终身体育"，教师能够很好地协助学生获得体育运动能力，从而让其最好地实现自己的健康梦想。在未来，教师将继续努力，将"较好地把握1~2项常见的运动技能""基本了解用于锻炼身体方

式的运动技能""初始了解多种机会参加的运动技能""体会某些项目"
当作教师追求的重点，通过系统性、全面性、深入性的训练，协助他们实
现自己的梦想，实现未来的发展，实现自己的健康目标。

（3）合理编排体育教学内容

编制出适宜的、科学的课程教学安排是体育教师的主要工作和关键
任务。在日常活动中，教师会选择那些易操练、学生感兴趣、教师也愿意
接受的课程，如篮球、乒乓球和武术。对于学生未来可能遇到的、应当具
有一定基础的且教学条件允许的项目，可以选择那些适合大学生接受的学
科，如体育舞蹈、滑板、网球和太极拳课程。对于没有必要掌握，但有必
要让学生知道或体验的运动文化或项目的有关知识，如高尔夫球、橄榄
球、台球、保龄球等，可以作为扩展性体育来丰富学生的体育知识库，从
而对其未来发展有所助益。

（4）创造提高运动技能的环境和条件

为了促进学生的健康成长，学校和体育教师应该努力为学生提供最佳
的学习环境和条件。这不仅包括提升教师的运动技能和教学能力，还包括
营造一个和谐、愉悦的课堂氛围，优化体育教学制度，并改善场地设施和
器材。

2. 重视身体健康成长

在体育课堂上，教师应该将学生的健康作为重点，并将这一原则贯穿
于所有活动之中。无论是选择课程内容，还是使用教材，甚至是制订教学
方案，都应该遵循这一原则。

原因如下：①健康的内涵是随着社会的发展，人们自身对健康认识
的逐步提高而不断地扩大的；②健康是人与社会协调发展的客观要求；
③健康是素质教育的基本要求，素质教育是以促进人的身心和谐发展、提
高人的综合素质为目的的，素质教育的提出进一步肯定了学校体育的作
用；④学生的健康是学校体育的目的所在，健康性原则是学校体育教学的
出发点，也是学校体育教学的归宿，更是衡量学校体育成败的基本标准；
⑤在新的体育课程标准中，应当"根据三维健康观和体育本身的特点，将
不同性质的学习内容划分为运动参与、运动技能、身体健康、心理健康和

社会适应五个方面，规定了体育学习领域目标"①。

3. 重视体验运动乐趣

通过提供有益的体育活动，激发学生对"健康第一""终身体育"的热情，从而培养他们对健康的认知，并培养他们良好的健身习惯。

（1）要让每个学生都能够不断地获得成功的体验

体育是一项极具挑战性的活动，与人的身体条件紧密相关。体育不仅取决于个体的身体发育阶段与生理特征，而且还取决于遗传因素。即使是同一个年龄段的学生，他们的身高、体重、体能、运动技能等方面的差异可能会比较明显，甚至可以说是云泥之别的，因而致使部分学生产生"失败感""差等感"。为了解决这一问题，体育教师应该采取更多措施，包括更新教学内容和方法、更换教学场地和设备，以及改变教学组织模式，以便让每个学生都能够有机会获得成功。只有获得成功并体验成就感，才能让学生体验到运动的乐趣。

（2）选择趣味性强的体育教学内容

在体育课堂上，有些项目非常有趣，学生可以轻松地感受到它们的魅力；但是，也有一些项目并不那么有趣，学生很难从中获得满足感。比如长跑，在很多学生眼中是"疲惫""枯燥""腰酸腿疼"的代名词，但是长跑项目在提升人的耐力、增强人的意志力方面有重要的教学意义。为了提高学生的耐力和意志力，体育教师应该将有趣且有教学意义的内容作为重点，以此来改变学生的看法。同时，对于那些有趣但教授难度较大的内容，应该采取一些有趣的方法，如简单化、游戏化、竞赛化等，使课程内容更加丰富多彩，激发学生的学习兴趣。

（3）运用多种有利于学生体验乐趣的体育教学方法

在课堂教学过程中，教师应该不仅关注内容，还应该主动尝试各种教学活动手法，如认知教学活动、娱乐教学活动、竞赛教学活动、情景教学活动、探究教学活动、分组合作教学等，以便让学生感受到体育活动的吸引力。

---

① 江雨. 中职专院校体育教学的理性思考［J］. 内江科技，2009，30（9）：124.

（三）直观性、启发性、练习性相结合的原则

直观性、启发性、练习性相结合的原则是以教学与学生身心发展相适应，教学与学生认识规律和掌握动作技能规律相适应，以及教学方法依存于教学任务和内容等规律为依据。

在体育课堂上，教师的示范动作是非常关键的。为了让学生能够清晰地理解并熟悉所示范的动作，教师必须精心设计出精致、优雅、标准的演示方式。示范的内容可以与课堂上的实际情况相呼应，并且可以与视频相辅相成，以帮助学生更好地理解并熟悉所示范的动作。

除了通过有趣的方式来传授知识，教师还应该通过深入分析来帮助学生理解技巧，并让他们清楚地掌握这些知识。同时，教师还应该鼓励他们去探索，培养他们的独立性，激发他们的想象力，并培养他们的专注度。最后，教师还应该让他们有机会去检验自己的技巧，从而培养他们的良好的操作习惯。

在教学中很重要的教学方法就是反复练习，通过不断反复练习，能够促使大脑皮质建立牢固的动力定型，达到运用自如的程度。如此一来，他们的思维才能得到提升，并且能够更好地应对课堂上的挑战。为了避免让学生感觉无聊，教师应该让他们经常进行交叉训练，或者增加训练的难度。经常采用一些教学比赛和表演，有利于巩固提高学生的基本技术。

（四）因材施教原则

因材施教原则，是指在体育教学中要贯彻"面向全体学生"的教育理念，"知识技能教学要根据学生的年龄、性别、体育基础、体能水平等确定教学目标、选择教学内容和组织教法，根据每一个学生的具体情况，实施各不相同的、有针对性的教育，使每一个学生的身心健康和运动技能都能在各自的基础上得到充分的发展，使教学取得实效"[①]。这一原则依据的是学生身心发展的规律。要取得教学的实效，体育教师必须注意区别对待不同年龄、不同性别的学生，因材施教。

---

① 张冯. 高校体育教学原则探析［J］. 教育与职业，2013（11）：149-150.

1. 深入细致地了解和研究学生

体育教师"可以通过课堂观察、问卷调查、与学生谈话、咨询辅导员等方法对学生进行细致的了解，弄清学生在身体条件、兴趣爱好和运动技能等方面存在的个体差异，并进行全面分析，然后设计个性化的教学策略。同时，对学生的个体差异，还要用发展的观点来对待，不能用静止的眼光看待学生，应定期对学生基本情况进行复查"[①]。

2. 设置类型多样的体育选修课程

"设置大量的选修课程是体育教学进行因材施教的最佳途径。不同的学生，身体条件、兴趣爱好和运动技能有很大的差异，在充分征询学生意见的基础上设置选修课，就能满足学生的个体需求，促进学生个性的发展。"[②]

3. 体育教学组织形式多样化

体育教师应该采取一种多样化的教学组织形式，根据学生的个人特点，如性别、身高、体重、体能、运动技能等，将他们分成不同的小组，并且给予他们更多的关注和帮助。同时，"对身体条件和运动技能较好的学生提出更高的要求，并为他们的进一步发展创造条件，从而保证全体学生都能有所进步，使每个学生都能体验到学习和成功的乐趣"[③]。

（五）合理安排运动负荷原则

教师根据体育课程的实际情况，采用有效的方法来调整和设计与学生运动负荷相适宜的体育项目与运动量，以便让学生能够更好地锻炼身体并掌握技能。这就是所谓的"合理安排运动负荷"。"在体育教学中，无论是锻炼学生的身体还是使学生掌握运动技能，都依赖于一定的身体大肌肉群的活动。科学的身体活动过程是学生锻炼身体和掌握运动技能的基本过程。因此，必须在体育教学中保证学生有足够的身体活动量"[④]。但同时也要注意不应该让学生承受太大的负荷，而应该让他们得到适当的休息。在体育课堂教学时，教师应该注意选择合理的运动量，并确保其符合课程的

---

① 张冯. 高校体育教学原则探析［J］. 教育与职业，2013（11）：149-150.
② 张冯. 高校体育教学原则探析［J］. 教育与职业，2013（11）：149-150.
③ 张冯. 高校体育教学原则探析［J］. 教育与职业，2013（11）：149-150.
④ 穆岩. 浅析普通高中体育"常态课"教学的实效性［J］. 科技视界，2013（31）：287.

目的、内容和学生的实际情况。如果选择的运动量太多，可能无法帮助学生提高体力，甚至可能对他们的健康产生危害。如果选择的运动量太少，可能无法帮助他们提高身心素养。

1. 运动负荷的安排要服从体育教学目标

通过有效的运动负荷设置，可以更有效地达到训练的目的，从而提高学生的健康水平。但同时，在设计过程中，应该考虑每个人的个性化需求，避免过度强调某些项目的训练，还要考虑某些其他因素的影响。只有通过恰当的运动，才能够达到最佳的训练效果。

2. 运动负荷的安排要服从学生的身体发展状况与发展需要

运动负荷的安排必须符合科学性。在这种情况下，运动量应该既能够帮助学生提高身体素质，又能保证他们的健康。这取决于学生的身体发展水平。因此，体育教师需要合理安排运动负荷，并了解不同年龄段和性别的学生的身体发展特征以及运动的科学原理。

3. 以科学的教程、教材和教法设计来合理地安排身体活动量

体育教学的项目众多，内容多种多样，有的运动负荷大，有的运动负荷小。因此，体育教师在设计教学内容时必须考虑学生的运动负荷量，对教材的内容因时、因地、因人进行必要改造，合理地搭配不同的运动项目和练习内容。"学习—练习—发展"是一套完整的体育教学方案，它涵盖了多个阶段，每一阶段都有其独特的任务和特点，因此在设计教学内容时，应当结合这些特点，合理安排运动量。

4. 逐步提高学生自我控制运动量和进行自主运动的能力

在体育课堂上，教师应该重点讲解锻炼的基本原则、运动负荷和运动方案，帮助学生了解如何控制自己的运动量，并学会如何正确地锻炼身体。通过这些指导，学生可以更好地控制自己的运动量，并且更好地实现健康的生活方式。

（六）循序渐进原则

在体育课堂上，教师必须按照由浅入深的顺序，从容易的内容开始，从零开始，慢慢地让学生了解和熟悉，这样才能让他们更加熟练地掌握运动技巧，并且有助于提升课堂的整体水平。

1. 教学计划要科学合理

为了有效地实施教学，编写出完善的教学计划显得尤其重要。这些计划应当充分考量到项目的性质、大学生的运动需求、课程的安排、实际的教学环境，以便更好地满足实际的需求，尽可能地避免出现各种形式的突发情况。合理的教学计划是提高课堂效果的基础，在安排教学内容时，既要考虑该运动项目的客观发展规律，又要考虑与其他运动项目之间的关系。循序渐进原则还应当贯彻在项目的安排上，以此来保证教学内容的衔接性。

2. 提高学生生理负荷与提高教师自身素养并行

在体育教学过程中，必须分阶段地增加锻炼的强度和频率。因为人体对于某种生理负荷需要一段时间才会适应，循序渐进地加强训练量与训练强度可以帮助学生更好地适应身心的变化。在整个学年的体育课程里都应该遵循这个原则，应有节奏地交替进行不同负荷的体育课。与此同时，体育教师也要不断提高自身的文化素养，深刻了解学生身心发展的一般规律和特点，了解教材的系统性以及各教材之间的关系。

（七）安全运动原则

安全运动原则旨在确保学习者可以以最佳的状态参与到各种危险的体育项目之中。"体育是以角力活动、非正常体位活动、剧烈身体活动、器械上身体活动、持器械身体活动、野外活动、极限探险运动等活动构成的，因此体育是个与危险同在的文化活动。初学者在学习这些运动时，危险的因素就更多一层。"①当新手接触到体育活动时，他们面临的风险可能会比以往任何人都要大得多。为此，高校体育教学既要确保正常教学的安全实施，也要对学生进行安全教育。

1. 必须设想所有可预测的危险因素

经过实践总结发现，绝大多数体育教学中的危险因素都是可以预料的。例如，学生没有足够的准备，动作过于复杂，没有得到必要的保护和

---

① 刘占霞. 体育运动中发生伤害事故原因分析及预防措施［J］. 当代体育科技，2014，4（26）：14-15.

支持，在受伤或生病期间勉强参加运动，在湿滑的地面上摔倒，在酷热的天气里进行长跑，等等。以上这些因素可以总结为学生自身的因素、外界环境的因素、体育器械的因素等。对于这些可预测的危险因素，课前体育教师应当逐一地思考，有所准备和进行相应的检查，或设计备选方案，从而消除一切可以消除的潜在危险因素。

2. 需要建立一套完善的安全制度和设施

学校必须建立一套完善的安全措施，以防范学生的潜在危险行为。特别是体育教师，必须提醒学生遵守一系列的安全措施，如禁止携带钥匙等一类尖锐细小的物品去打篮球。为了确保大学生的身心健康，尤其是那些容易出现危险的设施或是器械，学校应该采取防范措施，包括配备适当的安全防护措施、悬挂警告牌，以及定期检查，以便及时进行维护。

3. 时刻对学生进行安全运动的教育

只有当学生与体育教师密切配合，体育教师的安全教育才能有的放矢。体育教师"要通过集中教育与分散教育相结合，时时刻刻对学生进行安全运动的教育。集中教育是指组织专门时间讲解保证安全的知识和要领，教会学生互相帮助和保护的技能。分散教育是指老师在每一堂课学生练习之前强调安全事项，让学生绷紧安全这根弦"[①]。无论采取哪种教育方式，体育教师都要明确安全性要求，让大学生牢记安全的重要性。

第二节　篮球运动的特征与教学价值

篮球自从问世以来就深深地吸引着无数人。尽管它在我国流行的时间有些晚，但近年来发展却极为迅猛，中国男子篮球职业联赛（CBA）在国内的关注度越来越高，中国男篮的国际地位也不断攀升。尽管中国的篮球事业已取得巨大的成就，但仍然存在着较大的挑战。然而，由于一些原因，我国篮球理论面临一些困难，阻碍了篮球教学的进一步发展。

---

① 张冯. 高校体育教学原则探析［J］. 教育与职业，2013（11）：149-150.

一、篮球运动的特征

（一）高度与速度的逐步统一

自篮球运动诞生以来，身高优势一直是它的一个重要特征。20世纪50年代，美国篮球首先利用身高优势，迅速在全世界范围内引起了关注，然而当时的比赛战术简单、打法呆板、节奏缓慢，以及队员的灵活性也不足，使得比赛的精彩程度和激烈程度受到了严重的影响。自20世纪60年代以来，篮球在技术和战术方面取得了巨大的进步，不仅拥有出色的技术，而且将传统的固定位置配合转变为换位进攻配合。这一变化也证明了即便身高在篮球比赛中起着关键作用，但拥有出色的速度、灵活性和全面的技术才是最重要的因素。现代篮球运动已经从以往的高空竞争转变为一种多维度的竞争，以身高、技术、速度的协调配合为核心，使得参赛者能够在比赛中有更好的表现。因此，快速、灵活、全面的身体素质和出色的技术是现代篮球运动的重要组成部分，也是其特点之一。

（二）进攻与防守日趋平衡

篮球比赛的进攻和防守是两个不可或缺的部分，它们之间的相互作用促进了整个比赛的进步。进攻是比赛的核心，可以帮助球队获得更多的胜利。但是，防守也是保持比赛优势的关键因素。随着"平衡与不平衡"的不断发展，攻与守的矛盾斗争也在不断加剧，这也为篮球运动的发展提供了有力的支撑，使得进攻技巧和战术水平得到了持续提升，而防守技巧的提升也会有助于进攻水平的持续改善。当今，世界各大篮球强队都致力于维护攻防平衡，这也成为现代篮球技战术训练构思和确定具体打法的重要特点之一。

（三）身体素质与技术紧密结合

现代篮球的精彩之处在于，运动员拥有出色的身体素质，这既能帮助他们熟练把握复杂的技巧，又能为他们提供有效的策略，从而在赛场上取得优异的成绩。从精湛的跳跃、灵活的传递、抢断的反击、精准的防守，再到精准的远距离传递，这些都依赖于出色的身体素质。现代篮球竞技的进步使得场上的竞争变得更为激烈，因此参赛者需要在保持良好速度的同时，也能够充分利用自身的技巧。在这种篮球竞技中，运动员需要将身体与技巧完美地融为一体。

（四）全面与特长兼备

20世纪50代以来，为了让现代篮球取得成功，需要让每位参赛者都具备多项专业技能，并且拥有独到的创新思维和实践经验。现代篮球赛事的规则变得越来越复杂，需要每位运动员都具备多项专业技能，并且拥有丰富的实践经验，从而使他们的表现达到最佳水平。

（五）智力与体力并重

智力是一种能力，它可以帮助运动员在比赛中更好地理解、分析和应对情况。相反，体力则是其在比赛中所付出的力量，它可以帮助运动员更好地应对挑战。当今，许多球队都在努力提高运动员的智力水平，以便在激烈的比赛中取得优势。显而易见，当今篮球比赛的形势变化莫测，运动员必须敏锐地观察场上的防守者，及时发现对手的弱点，并作出恰当的应对措施。

（六）准确是获胜的保证

自篮球运动开展至今，它一直被视为一项竞技性的体育活动，而其取胜的关键则取决于参赛者的投篮能力和准确性。如今，随着技术的不断进步，参赛者的投篮次数和准确性都有了显著的改善，使得其表现更上一层楼。为了提高运动的赛场表现，许多国家的球队正在努力提升他们的投篮水平。这些篮球运动员不仅需要掌握良好的基本技巧，还需要具备较高的身体素质、灵活的战斗意识、出色的反应速度。此外，正确的技巧操控是获胜的必备条件。正确的传接球、快速移动，以及对于进攻和防御的正确判断，这些都是衡量技巧的重要指标。同样，这些都需要篮球团队和运动员个人的共同努力，并且必须将这些因素融入策略之中。只有做到思想统一、行动一致、变化及时、配合协调，战术的运用才能达到最佳的效果。因此，准确是目标，快速和高度是条件，没有准确性做保证，快速和高度的优势会失去其应有的价值。

（七）对抗技战术发展的核心

现代篮球的一个重要特性在于激烈的对抗性，即通过近距离的进攻与反击来保持胜利。一名优秀的运动员或一支优秀的团体在打出精彩的比分时，都需要具备极其出色的体育素养。现代篮球比赛需要在保证安全的同时，还需要有一定的挑战性。篮球比赛的竞争力体现在投掷的角色、进攻的策略、场地的控制能力上。因此，除了技术运用要具有对抗性外，在战术打法上也要适应激烈的对抗。总之，当前篮球运动对抗性的主要特征是提高防守的攻击性，加强技术的组合与速度，加快攻防节奏。

二、篮球运动的价值

（一）健身价值

篮球运动持续时间可长可短，但需要参与者快速奔跑，突然与连续起跳，敏捷反应与力量抗衡，其中有很多篮球技术动作都有助于人们的健康，如投掷。投掷是篮球运动中十分重要且适合单人练习的技术动作。通过投掷，人们能够在不同的距离内保持高水平的竞技能力。投掷的过程中，人们必须迅速移动、迅猛跃出，并且能够迅速地做出准确的反击，因而投掷能够帮助人们增强身体的协调性和平衡感。

篮球运动是一种极具挑战的竞技方式，需要人们的新陈代谢非常迅速。这种运动可以促进人的心脏、肺部、大脑和其他重要器官的健康，并帮助人们更好地适应环境。通过神经系统的精确控制，不同的身体部位之间可以实现自然而然的交流与协同，这样就可以让身心得到最佳的平衡，并且可以带来更多的身心愉悦。此外，多练习篮球可以增强大脑的灵敏度，以及更好地控制身体的其他部位，这样可以让身心都得到最佳的保护。

篮球是具有多变性的体育活动，技巧要求较高，需要人们的手、足、头、躯干直接与球接触的方法进行运动，并且要求每个关节的动作都要有一定的准确性。此外，它还可以锻炼人的反应速度和灵活度，提高耐久力和抗压能力；并且，篮球运动的成绩不是测量、比较的结果，而只能是双方直接对抗的结果，这种对抗能够提高人体感受器官的功能，提高分配和集中注意力的能力及时间、空间的感受能力和定向能力，提高中枢神经的灵活性及协调、支配各器官的能力。在当今社会生活中，诸如电脑操作、车辆驾驶等对人们技能的要求越来越高，上述能力的发展日显重要。篮球运动还可以发展和改善人的生理机能，因为篮球运动创设了一种特殊的运动环境，体能的突破有别于厘米、千克、分秒的改变，而存在于每一次相互制约的攻守的过程和结果之中。篮球这种对抗类运动，由于身体在高速度中相互频繁接触，身体对抗较为激烈，对增强肌肉力量、改善骨骼密度、促进骨骼生长、增强抗负荷能力有显著作用。

（二）健心价值

篮球运动不仅是技术与身体的对抗，更是意志与智慧的较量。这项运动既提高了人的耐力，又改善了精神状态。此外，打篮球也有利于缓解压力，提高自信，促进团队合作。通过打篮球不但能够提高竞争力，而且也能够提升生活质量。篮球的胜负取决于选手的技巧、战术、心态、精神状态以及想象能力。这项运动需要运动员具备灵敏的身手，能够迅速作出准确的判断，并能够适时调整策略，以保证最终的胜利。篮球运动是一项把变换、结合、转移、持续融为一体的集体攻守对抗项目，要求运动员反应快速、判断正确、随机应变、有勇有谋、机智善断。通过篮球比赛，学生的个性、自信心、情绪控制、意志力、进取心、自我束缚能力都有很好的发展。

拥有良好的心理状态、积极乐观的生活态度和稳定的情绪是保持健康的关键，也是社会文明和进步的基础。篮球运动不仅可以调节人体的生理功能和社会功能，还可以成为促进心理健康的重要方式。

1. 篮球运动的社会文化教育作用

通过体育教学，可以培养出具有德、智、体、美、劳全面发展的高素质人才。现代篮球不仅仅代表着一种竞技，更具备了独特的文化内涵。通过其独到的技巧，可以让参与者获得更多的知识，提升他们的思维能力。篮球运动作为一门特殊的文化艺术，通过篮球运动，人们能够更好地了解自己的身体健康状况，并且能够更好地了解现代社会的精神风貌；通过篮球运动，人们能够振奋民族精神，提高民族荣誉感，并且能够更好地融入民族文化之中。现代篮球的重要性甚至可以说是无可替代的，因为它的精神内涵更加深刻，更加具有普遍的影响力。它的精神可以激励参加者，培养道德观念，增强团队协作精神，并且可以帮助人们更好地适应新的环境，开发人的智慧，陶冶人的情操，修身养性，提高素质，开拓人的思路，在特殊、复杂的环境下去掌握不同时间、空间条件下自身运动规律和支配规律的各种技能与能力。

2. 篮球运动对大学生具有社会行为与社会规范的教育作用

马克思认为："社会是以共同的物质生活为基础而相互联系的人类生活的共同体，是人们交互作用的产物。"社会具备严格的制度，旨在引领人们自觉地履行义务、承担责任，并且让他们具备未来社会发展所必须具备的素质。由于篮球运动本身就是既有统一规则又有一定约束的社会活动，同时在一定的执法人——裁判员或者教练员的直接监督下有组织地进行，这有利于培养年轻一代遵守社会秩序的良好习惯，形成自觉的、自律的、尊重的社交文化以及健康的生活方式。

篮球运动健身项目接近人们的社会生活，并且可以更好地帮助大学生理解各种社交方式，如个人与团队、局部与整体、分工与合作、团结与竞争等。此外，篮球运动还可以提高人的道德水平。学生参与到篮球运动当中，可以获得对社会生活方式的模拟与演练，有助于培养大学生健康文明的社会行为习惯。

3. 篮球运动的集体性特征有利于培养团结协作的精神

篮球是一种强调团结合作、共担责任、共享快乐、共享成果的活跃运动，它强调每位参与者必须以"集"为本，以"集"为指引，以"集"为原则。篮球作为一项具有挑战性的竞争项目，需要所有参与者团结一致，共同努力，共同进步。只有将每个人的技能融汇于集体，集体才可以给个人技术发挥创造更多、更好的机会，从而让篮球比赛的结果达到最优。

篮球运动的集体性特征还表现在参与者需要协同合作，而且要求充分发挥教练员的督战才华和场下替补人员的作用，将全队作为一个整体来设计战术，制订战略。在一个团队中，首先要学会的就是合作，合作能够增强团队的竞争力，并且是在外部竞争中取得胜利的关键因素。

当今世界，竞争日益激烈，学会在竞争中的合作显得格外重要。篮球这种集体性的活动强调团结一致的力量以及各方的共识，以取得最佳的进攻结果。它的传接、掩护、进攻以及反抗等技巧，都需要球队团结协作，各个运动员要精准把握动作的时机，以及作出灵活的进退调整，以便最终实现最佳的进攻结果。群体内的合作，个体的协同配合，一致的理念、一致的信心以及彼此的交流，构建起一个联系紧密的团队去一起面对挑战，一起取得最终的胜利。此外，个体的协同配合也极大地提升了集体的效率，它不仅能够增进团队的凝聚力，而且还能够改善个体的精神状态，激发出更多的创造性。通过相互配合，将松散的人员紧密结合起来，形成一支强大的、高度团结的团队，在整体对抗中克服困难、排除障碍，使团队力量得到充分发挥，用整体的效能去夺取胜利。

4. 篮球运动有利于促进人的现代化

要适应高速发展的现代社会，就要实现人的现代化。社会现代化很大程度上取决于人的现代化。社会的现代化与人的现代化必须同时实现；否则，这种"现代化"就是脆弱的且不能持久的。现代社会要求人在行为上要重视技术技能、精于计算、惜时守时、讲求实效，办事有计划性，信息广而灵，有竞争意识；要求人在人际关系上要善于互相尊重，既多发表意见，又习惯听取他人意见，讲究分配的公正性，具有乐观的生活态度。社会学家认为，体育是社会的缩影，篮球运动也可以这样说。在篮球运动健身中所形成的价值观，既反映了社会的现实生活，又反作用于现实生活。

（三）娱乐价值

通过参与篮球活动，球员之间可以学习和掌握道德文化、娱乐知识、技能和方法，同时也能够增进友谊，陶冶情操，得到精神享受。许多体育爱好者都感觉打篮球既有益于身心健康，又有利于提升智力，还有利于提升个人品质。通过参与篮球运动，学生成为主动的体育实践者，这将帮助大学生建立起持久的、充满乐趣的体育锻炼习惯，并且让更多人生活得更加文明、健康、幸福。

篮球比赛是一种充满挑战的竞技，每个人都有自己独特的技巧和策略，而且每场比赛都有各种各样的情况，没有两场比赛能够完全一样，这种不确定性也就直接导致了最终的胜负无法预测。通过不确定性的挑战，运动者可以全身心地投入篮球运动中。这种挑战也让偶然性得以实现，从而激发出更多的竞争性，让整个运动过程充满了乐趣与刺激。篮球运动的过程就像一个充满变数与创新的旅程，让运动者在其中体会到无限的乐趣。

1. 提高生命活力

篮球不仅具备众多的锻炼和娱乐功效，而且还具备其他运动的核心优势，如迅猛的冲刺、灵活的跳跃、精准的投掷和出色的耐力。通过长期的锻炼，不仅可以让全身的肌肉变得更加结实、更加均衡，还会让人的骨骼更加强健，同时也会改善心脏、肺、胃、肠等内脏的功能，从而提高整个人的生理指标和免疫力。通过参加篮球运动可以接触到多种多样的身体技巧，包括奔跑、跳跃、投掷，同时还会感受到这项运动的适中性，并且训练水平也会随之改变。总之，参加篮球运动对于身高、体型、健康都是非常重要的。

2. 满足精神享受

随着现代社会的发展，高度的工作压力使得人们很难进行真正的沟通。只有在闲暇之中，人们才可以自由地安排生活，篮球场就给人们提供了放松和交流的机遇。通过篮球运动，人们可以在一定程度上放松自己，减轻工作与生活上的压力。此外，篮球运动还可以锻炼人的心智，提高抗逆能力，并保持心理健康。另外，篮球运动还是一项优秀的社会活动，不仅可以促进人与人之间的沟通，还可以提升团队凝聚力，并让人学会如何正确地看待自己、他人以及合作的方法。篮球运动是一项充满乐趣且吸引眼球的体育项目，在篮球比赛中，参赛者会表现得非常积极，快速移动、高效传递、聪明抢断，还有优秀的扣篮以及出色的防守。再加上攻防转换的情况下呈现出一种惊险刺激的视觉效果，可令人赏心悦目，产生强烈的美感，使观众获得精神上的满足。

3. 培养创新能力

篮球是一项充满创意的运动，不仅涉及基本的技术和战术，还包括每个人的独特风格。篮球运动没有一成不变的模板，每个人和每支队伍都能够根据自己的理解来诠释这项运动。也正是由于它的复杂性和多变性，参与者必须迅速反应，做出及时、果断、有效的应对措施，以便在不同的情境下保持最佳状态。因此，参与者需要运用自身的智慧、创新思维来解决场上出现的各种问题，从而提升自身的创新能力。体现篮球健身娱乐化能对创新能力有较好的培养的最好例子就是街头篮球的风行，它不仅能够让人们在娱乐中锻炼身体，还能够激发创造力。这种自由风格的篮球运动方式允许人们在没有固定规则的情况下随心所欲地创造动作，从而激发出无限的创意，最终极大地提升了玩球者的想象力和创造力。

（四）美学价值

1. 篮球运动核心层面的美

（1）身体美

从古至今，人们一直致力于让自己看上去更加强壮和强韧，而这种想法也被发展到了现代，如参加体育比赛，让参赛者能够更加轻松、舒适地完成比赛。体育比赛不仅只是一种具有表演性的赛事活动，而且也能给人们带来一种真正、自然、优雅的体验。即使拥有一样的技术，但面对不断变化的对手时，篮球比赛也会充满偶然性与多变。篮球运动员的身材多数都很高大，却拥有着出色的反应、灵活的技巧，以及令人叹为观止的弹跳技术。这些出色的技术让他们在比赛中表现出令人瞩目的健康、勇敢、坚韧、自信的特质。通过他们出色的表现，观众仿佛看到了人类独有的本质力量，内心无比的愉悦，深深地为他们所折服。

（2）技术美

一个优秀的篮球运动员能够用跑、跳、投等单调的基本动作来表现他的变化莫测、丰富多彩的动态美。篮球技巧能够让运动在比赛中取得胜利，使人享受着一种篮球运动特有的运动美。

（3）战术美

战术的魅力体现在它的丰富性、灵活性，以及对于不同比赛情境的适应能力。一场比赛中根据比赛的情况，战术运用变化频繁，精彩之处体现在战术的灵活性，能够给观众带来惊喜。此外，篮球运动的特点决定了优秀的团队需要球员的铁杆组合来完成任务。篮球竞技需要团结、互相帮助、互相支持，意味着每个成员都在团队合作中达到自己的目的，并且通过互相帮助来实现更大的成就，展示出人类的团结、和谐、互相尊敬的精神。

（4）明星美

许多优秀的篮球巨星通常拥有令人惊讶的技术，能够将运动精髓表现得淋漓尽致。对于这类运动员，人们将其尊称为超级巨星，因为超级巨星能够利用自己迅速的反应把随性处理的基本运动技巧与赛场上的即时情况完美衔接起来，使得整个战术表现更加完美。此外，由于超级巨星冷静而又坚定的态度，使得他们能够成为球队的核心，可以说，观众对篮球比赛的热情很大程度上是因为有球星的存在，球星是赛场上球队的灵魂。

2．篮球运动辅助层面的美

（1）对抗美

竞争性的对抗是篮球运动的核心，它不仅为篮球增添了无尽奇迹、无穷魅力，而且还为整个比赛提供了必不可少的挑战，让观众体验到前所未有的乐趣。运动员只有将自己的高超技巧和应变能力在激烈的对抗条件下成功表现出来，才能够让观众从中获得最大的乐趣。在篮球比赛中，竞争的方式包括身体接触、技术交锋、策略交锋、心态交锋、智力交锋。通过观察这种竞争，观众不仅能感受到运动员的卓越技艺，也能感受到他们的决心与毅力。在比赛过程中，每个运动员都展示了他们的拼搏精神，展示了他们的决心与毅力。

（2）精神美

在篮球比赛中，精神美的重要性不容忽视，它不仅体现在技战术的运用上，更体现在运动员和教练员的智慧和判断力上，他们要把握住每一个机会，灵活应对各种情况，把握住每一个节奏，把握住每一个机会，才能取得最终的胜利。每个球员都必须面对两个挑战：一个是来自外部的竞争对手，另一个是来自内心深处的恐惧。运动员必须学会如何与它们抗衡，并与队友保持良好的沟通。只有这样才能真正成为强大的人。

（3）形式美

篮球比赛的精彩之处体现在它的顺畅性。篮球比赛是在统一的规则下展开，并由专业的裁判进行评判、裁决和监督。当观众看到精彩的瞬间，他们会欢呼雀跃，并为胜出的队伍表示祝贺；当失利者扼腕叹息、沮丧或无助时，观众会向他们表示安慰。比赛结束双方球员互相握手，致谢裁判员，然后有秩序地离开球场。整个过程进行得有序协调，给人舒畅的心情享受。NBA的比赛就让观众体验一种令人愉悦的视觉效果，而且这种视觉效果还具备着强烈的节奏感，以至于NBA被誉为"真正有节奏的艺术"。

3. 篮球运动艺术层面的美

以美国的NBA赛场为例，精彩纷呈的篮球比赛吸引了大批观众，还安排了大量观赏性很强的娱乐活动。这样观众不仅可以享受到激烈的篮球比赛，还可以通过各种娱乐活动来激发兴趣，从而更好地欣赏比赛的精彩。具体包括以下四个主要方面。

（1）服饰美

在篮球比赛中，球员可能会穿着宽松的衣服，或者穿着一条超过膝盖的短裤，展示他们的自由自在。他们也可能会穿着一些特别的衣物，如仅及脚踝的运动鞋或者漂亮的运动袜，这样就可以在展示他们身体素质、技术的同时，使时尚与篮球运动美的元素结合在一起。

（2）场馆美

NBA的场馆设计非常出色，它的空间布局非常巧妙，使得观众感到愉悦。这个场馆就像一个巨大的舞台，充满了活力和热情。在这里观看比赛，就像是参加一个盛大的派对，让球迷沉浸在热烈的篮球比赛中。场馆内的先进设备令观众叹为观止，不仅可以清晰地看到比赛的结果和技术统计，还可以听到如雷鸣般的音效，激发出球员和球迷的热情，为他们提供了更加丰富的视觉和精神体验。

（3）表演美

NBA赛场上的唱片播放师拥有出色的能力，经常以其独特的声音和幽默的语调，让观众在激烈的比赛中体会到紧张与激动的氛围。这些经过严格培训的唱片播放师，有的甚至是电视台的当红主持人，他们能够把现场的气氛带入激动人心的境界，瞬间燃爆全场。再如啦啦队，这是NBA赛场一道迷人的风景线，当比赛开始或结束时，啦啦队会以精彩的舞姿向观众展示优美的身姿、激情的表演，让观众在比赛结束后仍能感受到欢乐。

（4）音乐美

篮球是一项需要精确控制节奏的运动，在激情四射的音乐伴奏下，球员展现出自己的技巧，观众则沉浸在热情洋溢的篮球节奏中。NBA比赛中，嘻哈的音乐风格占据了主导地位，观众被它的魅力所吸引，球员也更加投入，从而让篮球和音乐的乐趣得以完美结合，为比赛增添了热烈的气氛。当比赛暂停时，啦啦队员激情洋溢地跳起了热舞，观众也跟随音乐的节拍尽情舞动，沉浸在音乐带来的另一种篮球世界中。

第三节 我国高校篮球教学发展概况、主要问题及其分析

一、我国篮球教学发展概况

（一）篮球教学理论发展的初级阶段

中华人民共和国成立之初，党和国家领导人十分重视体育运动工作的开展，并且有效推进了篮球运动的普及。当时，我国作为世界上众多社会主义国家之一，并未同美国、西班牙等传统的篮球强国建立任何正式的外交关系。1952年，苏联的支持为我国的运动教育提供了重要的帮助，华东体育学院应运而生，培养出一批又一批的体育人才。1959年，各类体育学院的数量达到18所。虽然受到来自资本主义国家的压力和封锁，但我国仍然积极带领运动员参加各项国际比赛，让更多的体育人才得以发挥所长。此阶段，我国篮球教学的理论也开始了发展。最初，我国的篮球教学都是照搬苏联的教学理论，仿制苏联的教育教学体系。后来，随着体育院校的增加和体育人才的培养，我国开始摸索编制、研究自己的篮球教学理论，努力探索和实践本土化的篮球教学模式。

（二）篮球教学理论发展的缓慢阶段

1966—1976年，我国的篮球运动与篮球教学几乎陷入停滞不前的状态。直到1971年，许多学校恢复正常的运动教学，之前停滞的篮球教学又重新开展了，许多教师还共同创作一系列关于篮球的理论著作或文章。

（三）篮球教学理论的快速发展阶段

1976年起，全民健身的普及，推动了中国篮球运动的蓬勃发展。1979

年,《篮球》这一体育系可以共同使用的教材成功出版,成为全民健身的指南,推动中国篮球运动的普及。通过使用这套教材,教师的篮球理论的教学有了更新,涵盖了运动员的日常训练、比赛技巧和身心健康等重要信息;为来自不同地区的体育教师提供了一个参考,使他们可以根据这套教程来提高自己的专业水平。当然,鉴于当时中国的篮球技术水平尚未达到更高水准,所以该书中仍然存在一些缺陷。

1985年,为了更好地支持当下的篮球运动,也是因为之前的教材无法满足现有的篮球教学,因而特别邀请了资深的篮球专家重新审视和修订了以往的教材,以更好地适应当下的实际情况。这些修订既汲取了多年来的实践成果,又借鉴了国际上最先进的教育理念,从而弥补了以往的缺陷,并且增添了许多全新的内容。

(四)篮球教学理论新时期

20世纪90年代,随着改革开放的大潮涌起,国家经济蓬勃发展,科学技术发展迅速,人们的思想观念也在不断更新。在这一时期,我国的体育运动也迎来了前所未有的繁荣,其中,篮球运动尤为突出。近年来,《篮球课的组织与教学》《体育院校篮球普修课教学控制系统的研究》等多部著作不断推陈出新,它们的核心理念是将学习者置于体育教学的核心位置,激励学生积极参与,并且建立起一套完善的训练体系。

近年来,随着CBA联赛的逐渐崛起,篮球事业取得了长足的进步,课堂教学和课外活动的结合更加完善,取得的成就令人欣喜。

二、我国篮球教学理论主要问题及其分析

(一)我国篮球教学理论主要问题

1. 教学理论中缺乏学生兴趣的培养

在当前的篮球教学中,教师过于关注传授技巧,而忽略了培养学生的兴趣。长期的枯燥训练,让学生很容易感到疲惫,意志力也会逐渐减弱,导致他们对学习篮球的兴趣下降,甚至有些人选择逃避篮球课,或是队员退出篮球队。兴趣是最重要的学习因素,如果没有兴趣,学生的学习动力

会大大减弱，导致教学效果不佳。

2. 教学理论中教学方法和手段不适合

当前，我国篮球教学理论的教学方法和手段已经远远落后于当前的教育目标，以技能考核作为衡量学生掌握知识的唯一标准，已经不再能够满足学生的需求，也不能有效地帮助他们实现全面发展。

3. 教学理论与实际情况相脱离

著名教育家陶行知提出"生活教育"这一概念，就是指教学必须以人的日常需求为中心，生活是进行教学活动的指导，以此来引领和促进人们的发展。然而，我国传统的篮球教学方法却缺少将理论知识和实际生活密切联系的理念，学生也很难将篮球理论知识付诸实践行动，从而严重影响他们的学习积极性。

4. 教师是教学的主宰者

虽然体育教学体系正逐步完善，但以教师的意志和指导作用为核心，缺少创新思维和实践能力，导致学生的理论知识和实践技能相脱节，影响了学生的学习兴趣和主动性。在学分制下，有些学生选择篮球课，他们的努力仅仅停留在获取体育学分的层面，无法发挥出篮球运动在培养人的素质方面的最大价值。深入挖掘就会发现，教师的主导作用集中体现在向学生"灌输"篮球动作上，教师的角色依旧偏重于传授知识，缺乏引导学生了解篮球运动的意义、作用和内涵。

5. 教学方法组织形式单调

目前，篮球的教学模式已经趋向于标准化、规范化，忽略了学习的过程，不重视学法的指导，仅仅注重完成课堂任务，而忽略了培养学生的基本功，使得他们在运用基本的动作时很难真正掌握精髓，也没能充分发挥出自己的潜能，这就使得他们在思想品德、情感体验等方面都没能得到足够的培养。根据相关的研究，89.24%的大学生认为，目前的篮球教学手段单一，没能带来实实在在的改善，他们喜爱篮球主要是因为它能给他们带来快乐，让他们在运动中获得满足。通过改变教学的形式和手段，可以让学生感受到篮球运动的欢乐，让学生在欢快的气氛中学习，从而让篮球教学活动发挥出最大的作用。

6. 教学范围缺乏全面性

大学生对篮球的理解不足，基本技术有明显差异，这些问题是影响普通高校篮球教学的重要因素。尽管学生的个人能力存在显著差异，但教师往往只给出单一课程目标，这使得部分大学生无法完成，还有部分大学生的潜力无法得到充分释放。此外，由于缺乏全面的考虑，教师忽视了身体条件有些差的学生，把教学的注意力集中在身体条件优秀、基本技术扎实的学生身上。女学生天生柔弱、灵活，但是由于没有得到教师的充分关心，学习热情也会大大降低。为此，教师必须加强对女学生的培训与指导，让她们能够根据自己的需求来发挥自己的潜能，从"一视同仁"中获得最大的收获，实现"有教无类"。确保每位学生的发展，应当采取多种多样的教学模式，给予学生充分的尊重和机会，并且根据每个人的个别情况给予适当的指导和帮助，以促进其发展。此外，教师还要编制个性化的计划，以便使每位大学生能够得到最佳的指导。通过这种方式，才能让所有学生都能够从篮球的魅力中获益，培养出独立思考和勇于挑战的精神，变得更加成熟与自信。

7. 教学缺乏篮球文化的传授

在篮球教学过程中，应按照课程性质科学合理地安排理论课与实践课的课时比例。当前，篮球理论课的课时明显少于篮球实践课，没有充分考虑篮球文化的重要作用。随着社会的进步，越来越多的人开始重视和传播篮球文化。教育与人文精神的融合是时代发展的需求，高校教育是培养新时期创新人才的阵地，因此应该加强对篮球文化的宣传和普及，提升大学生的素质。在大多数情况下，体育课程，特别是篮球课程，都需要强调教育和文化的融合和协调。这也正是大多数高校篮球课程的必经之路。但是，由于教师在教学中缺乏对篮球文化的关注，阻碍了篮球课程的深入开展。因此，必须以正确的观点来看待篮球，应从理念、指导思想上引起对篮球理论课的重视，通过篮球文化的广泛传播提高学生对篮球运动的认识，促使学生将篮球知识内化为自身知识库的一部分。

（二）高校篮球教学影响因素分析

在大多数情况下，高校篮球教学需要一个完整的体系，包括教师、课程和场地。总的来说，高校篮球教学受到多种因素的影响。

1. 教师因素

教师的角色至关重要，他们的专业知识、经验、态度、处事风格将会决定着篮球教学的成败。他们的专注点不仅局限于传授知识，而且还应该关注如何帮助学生提升自己的水平，提供建议、激励、帮助，以便让每名学生都得到最好的训练。然而，有些教师由于长期受到应试教育的影响，过多地关注个人得失，没有很强的创造性，缺乏沟通的技巧，这种做法限制了他们的思考，也阻碍了发挥潜能的机会。

由于教育观念的滞后，许多高校篮球课堂上的教师表现令人担忧，这一现象亟待改善。一部分教师来自非篮球专业背景，他们的篮球教学理论素养和实践经验也相对较弱，这也导致他们的课堂安排、授课内容、实践演练的质量不理想。同时，这还在某种程度上削弱了教师威信，学生的认可也大大降低，进而影响到篮球课堂的有效教学。为此，加强专业化师资队伍建设尤为重要。

2. 课程因素

课堂教学是非常重要的篮球教学领域，涵盖了许多不同的内容，如知识传授、技能培养和评估。这些内容对于提高篮球教学的效果至关重要。与其他运动相比，篮球的技术更为复杂，需要学生具备更多的能力才能完成。目前，许多高校的篮球课程安排不够丰富，内容繁杂，并且主要集中在技术方面，这导致学生缺乏积极性。

大多数高校采用传统模板式的篮球教学方法，但是这种模板式的授课并没能真正帮助学生深入地理解并熟练运用所学的技能，反而让他们的思维受到限制，无法充分激活他们的创造力与潜能。

在素质教育的框架内，学生被认定为最重要的参与者。作为具有独立意识的人，学生希望获得更多的机会去展示他们的才华，并且更加重视个性的发挥。然而，在高校篮球课堂上，评估方式偏重于最终的考核，而没有充分考虑学生的心理状态、品行及技能水准，这种做法严重抑制了优秀学生的学习热情。此外，高校篮球课的目标在于帮助学生成长，因此需要对他们进行更加完整、客观、公正的评估。

3. 环境因素

在大多数情况下，高校的篮球课程需要良好的物质环境和文化环境来支撑。其中，物质环境是高校篮球教学的保障基础，如足够的室内场地、充足的灯光、篮球以及篮板等。这些配套的完善与否都直接影响了学生的课程体验，是决定其能否持续参与的关键。近年来，由于教育的广泛推广和人才的涌现，高校篮球课程的需求日益增多。然而，一些高校过度追求规模的扩大，而忽略了对其办学实力的全面考核。此外，由于缺乏对篮球课程的关注，造成课程的资源分布不平衡，无法为学生提供良好的训练和娱乐。

篮球是一种独特的体育项目，它不仅能够展示出学生坚韧不拔、勇往直前的精神，而且还蕴含着丰富的文化内涵。通过参与比赛、表演、训练等活动，可以更好地发挥篮球的独特魅力，从而提高学生的运动积极性和主动性，促进篮球教学的有效实施。

第四节 多元化发展篮球运动的价值与教学方法概述

一、多元化的概念分析

多元化可以被定义为两个方面：一个是从单一的特征转变为多样的特征，从统一的模式转变为分散的模式；另一个是多样的，并非局限于某一特定的领域或集中统一。多元化的反面是专一化或单一化。

只有多元化发展的学生才能更好地适应当今复杂的社会环境。因此，各门学科都应该努力提升其功能，以促进学生的多元化发展，体育教学也不例外。

21世纪是知识和信息的时代，在当前经济社会的大环境下，体育教学应当如何适应和面对？对此，《教育——财富蕴藏其中》提供了一个具有启发性的答案。该报告指出：21世纪的新型教育必须特别注意重视四种基本学习，即学会认知、学会做事、学会生活和学会生存。其中，学会认知强调让学生学会了解周围的社会和环境，最低限度是要使他能够健康地生活，能够发挥自己的能力，与他人进行正常交往，并能够被他人所认识、所理解；学会做事，重点是要教会学生如何运用他所学习的知识，在无法预知的各种未来中，通过有效的教育实现与未来实际工作相适应，强调以个人能力概念取代过去的职业资格概念，发展学生的首创能力、冒险精神、合作能力、专业能力、交往能力、协作能力、管理能力等；学会生活，强调的是要教会学生懂得人类的多样性，同时还要教会他们认识地球上的所有人之间具有相似性又是相互依存的；学会生存被当作现代教育的最根本的目的摆上了突出位置，强调的是教育的根本功能在于促进每个人的全面发展。

现代体育课程旨在培养个人综合能力，注重培养学生自我意识和独立思考能力。通过这种方式可以帮助他们实现个人潜能和潜力，同时培养他们良好的健康素养。这种课程方式具有多元化的特性，是现代体育课程中一个关键因素。

（一）体育教学手段的先进性

随着科技的不断发展，体育教学的方式也在不断改进。现在，人们越来越重视将最新的设备引入体育课堂，以增强体育课的多样性和实效性。这些改变不仅提高了体育课的质量，也为学生提供了更多的学习机会，让他们在课堂上获得更多的乐趣。体育教学方法的进步与科技的发展是密不可分的。

近几十年来，由于科技的飞速发展，体育教学取得了长足的进步。20世纪90年代中期以来，由于计算机技术的应用、互联网的构建、多媒体教学手段的不断创新，体育运动项目的内容也得到了大范围的改进，包括教学内容的数据收集、学习数据的分析、教学过程的展示和控制、教学过程的评估等等。随着体育运动教学活动环境的日益成熟，以及相关的信息技术设备的不断改进，为提升体育运动教学活动的效果提供了强大的支撑。

（二）体育教学模式的多样性

通过运用特定的教学原则，可以创造性地构建多样的体育课堂，这些课堂可能会有不同的内容，但都可以通过精心的策划、有效的执行、有效的管控、有效的评估、有效的反馈，最终达到预期的效果。

自20世纪80年代起，学校体育教师便开始对体育教学模式进行了深入的研究，在多年来的探索与反省中总结出多种多样的体育教学活动范式，包括：发展体育能力教学模式、传授动作技能教学模式、提高身体素质教学模式、发展学生个性教学模式、情理教学模式、成功体育教学模式、快乐体育教学模式、群体合作教学模式等。随着各种体育运动项目的涌现，体育课变得精彩纷呈。持续创新教学模式已经成为促进体育课程发展的重要因素。

通过改进和创新教学模式，教师可以更好地实施体育课程，并且能够更好地满足不同学生的需求。教学模式的成功取决于采用不同的教学策略，包括适当的课程设置、课程内容和课堂氛围。各种体育课程的设计、实施方案、课程内容的组织，形成了独具特色的课程结构。每一种体育教学模式都有自身特定的功能、优点和缺点，仅仅依靠一种体育教学模式无法满足多元化的教学目标。

随着"快乐体育"和"成功体育"的不断发展，教学理论的不断更新和完善，推动着体育课程的多样化。"快乐体育"提出让学生从运动中获得乐趣，"成功体育"则强调让学生从实践中获得满足，从而实现课程的多样化。通过运用多种模式，教师能够更好地探索各种教学方法，并从中提炼出更多的经验。每种模式都基于独特的理论框架，影响着课堂的整个氛围，也会影响教学的效果。在对体育教学问题的研究中不断获得新的审视角度，发现体育教学活动中的新联系，形成新的教学理论，这样就可以逐步改进教学结构，创造新的教学模式。随着时代的进步，体育教学的方法和手段正在不断演变，越来越多地需要借助于理论的革新。

因为时代的变化、社会的发展以及科技的飞跃，多元化的体育教学模式得以出现。大多数体育教学模式的产生，都与社会发展的需要密切相关。无论是团队合作的方式，还是个别指导的方法，都必须符合当今时代的实际情况。此外，在当今的互联网时代，这些教学模式构建也更加符合当今的社会需求，以及更加有效地激发学生的创造力。随着时代的前进和社会的发展，人们对于体育的需求与日俱增，在这种背景下，改革和完善体育教学模式不仅需要各种外在的资源，更需要各种内在的努力，才能实现真正的变革和提升。

二、现代主要教学方法概述

（一）发现学习法

美国教育心理学家杰罗姆·布鲁纳（Jerome Bruner）在《教育过程》一书中首次提出发现学习法，他强调学生需要借助教师的引领，自主地进行探索、分析、推演，以便更好地了解并熟练运用所学知识。布鲁纳强调，一个优秀的人应该具备开拓性的思维，并且能勇敢地面对挑战。他提出"理论指导—具体措施—评价反馈"的理论模式，旨在帮助学生挖掘自己的智慧，并且提高他们的思考、判断、实践技巧，以及提出新的想法、实施新的方法。在日常的教学过程中，教师应该指导学生进行主动探索和发现，培养创新意识和创新能力，帮助学生提高他们的思维能力，并且鼓励他们去尝试各种有趣的方法。学生要以一种乐观的心态去面对课堂上的挑战，并且坚持自己的想法，勇于去实践。

发现学习法长期以来受到我国教育界的重视。比如：张海英的试验表明，发现学习法能够激励学生积极性，并且能够帮助他们更好地抓住知识点；杨军的研究更加深入地探讨了发现学习法，他把它应用于体育专业的理论课上，并取得了良好的效果，从而为提升教学质量作出了贡献。此外，管仁利、郑裔军、张勋将发现法应用于篮球课堂，取得了良好的效果。他们的研究显示，这种方式能够帮助学生快速掌握基本技术，有助于提高他们的观察、思考和决策的能力。采用发现学习法能够激励学生积极地去寻找和理解相关知识与信息，并且能够主动掌握所需的技巧。

（二）合作学习法

20世纪70年代初，合作学习法在美国开始流行，这种教育理念和实践建立在人多力量大的朴素基础理论上。随着时间的推移，合作学习法在欧洲和日本等国家取得了一些成功。当然，合作学习法在各个国家的称谓是不一样的，有"合作授课""合作教育""合作教学"等，但它们的理论基础大体相同。

合作学习法以社会互赖理论、认知理论、选择理论等为基础，并利用小组合作的方法来促进学习，从而有效地提升学习效果，增强学习兴趣，培养学习者的合作精神，并提升他们的人际关系能力。

美国合作学习的重要代表人物明尼苏达大学的约翰逊兄弟认为，"合作学习"是一种有系统、有结构的教学策略，即依学生能力、性别等因素将学生分配到异质小组中，鼓励同学间彼此协作、互相支持，以提高个人的学习效果，并达成团体目标。如今，合作学习已经广泛应用于中国、美国、以色列、英国、加拿大、澳大利亚、日本等国的大、中、小学的教学中。各国教育工作者和研究者一致认为，合作学习法是一种非常有效的教学理论和策略。

自20世纪80年代以来，我国一直在积极推动合作式学习的发展，相关研究取得了长足的发展，不但借鉴了国外先进的研究成果，还将其理念融入本土的实践中，以此为教学改革提供了一种新的途径。比如万良华、毕波、林伟龙的研究发现，在篮球课堂上采取合作学习法可以让学生发挥自身的作用，让教师发挥引领作用，从而激发学生的学习热情，提高学生的学习兴趣和主动性，而且能够培养学生的创新思维能力和实践能力。

（三）微格教学法

德瓦埃特·爱伦（Dwight Allen）提出了微格教学法。他认为，微格教学是一个缩小的、可控制的实习系统。这种教学方法旨在帮助学生更好地掌握教学技能和内容，并且可以在有限的时间内完成学习任务。微格教学法是一种可控的、小型的学习模式，旨在帮助学生更好地掌握知识。

微格教育已经被广泛应用于许多国家。英国的乔治·布朗（George Brown）认为，微格课堂的核心部分应该涵盖课前的规划、课堂的实施、课堂的互动及课后的反馈。德国的微格课堂则将课堂的实施分为三个步骤：预习、授课、反馈；强调了对于课堂效果的及时评估，采取多种措施来改善课堂效果，以达到更好的教育效果。澳大利亚则更加注重培养学生的多元化技能，以提高他们的整体素质。

20世纪80年代中期，微格教学被引入我国，随后《体育教学技能微格训练》《中学体育微格教学教程》等图书相继出版、发行，为微格教学的实施提供了有力的支持，使其得以发挥最大的作用，构建起一套全面而有效的教学模式。在实践与研究中，我国学者也取得了一定的研究成果，如张秀华的研究表明，采取微格教学法可以有效地改善体育教育专业学生的篮球教学，并且可以通过制定教学流程、及时的教学反馈和有效的教学评估来实现，这种教学模式比传统的教学法能够更有效地实现学习目标。微格教学法的应用越来越普遍，它的教学效果也受到越来越多的关注。

传统的篮球教学方法常常忽略了学生的主体地位，缺乏高效的互动和沟通，使得课堂有效性降低。因此，教师从多维度的视角来审视我国的篮球教学方法，不仅有助于达到教育目标，还有助于高效地提升学生的基础知识和技能。此外，还有助于提高学生的学习兴趣，改善学生的人际关系，增加团队凝聚力，并使学生养成正确的竞争意识。

三、多元化发展篮球教学方法的价值

（一）有利于学生对基本知识和技能的掌握

教师要通过全面的研究与深入的理论探索，将多种教育手段融入课堂，以达到更好的效果。这种融入不仅局限于传统的教育模式，更要求教师能够将多种教育手段的优点融入课堂，从而实现教学效果的全面提升。要通过系统的训练，让运动员更好地了解篮球的基本概念、战略思想以及核心技巧，从而激发他们的长期热情。要采用多样化的教学方式，照顾到学生学习的各个阶段、各个层次，全面优化知识的认知过程和动作技能的形成过程，帮助他们更好地理解并运用所学的知识。

1. 采用发现式学习方法培养学生主动探究的能力

为了提高课堂质量，教师应该重新构思并精心安排教材。这样，既能够避免讲授过于枯燥，又能够帮助学生建立起良好的自我认同。同时，教师还应该鼓励学生运用探究性思维，主动探究并实践。在开始上课之前，教师需要让学生做好充分准备，以便他们能够快速掌握所需的信息。通过这种方式，学生能够加深对所需内容的理解，从而使他们能够更好地顺利完成各项任务。教师还需要给予学生充足的时间去探索，让他们能够独立地分析所掌握的信息，从而使他们能够真正地掌握所需的内容。根据认知理论，如果教师希望将外部的信息装进学生的大脑里，就需要培养并提高学生的主观能力，使他们能够更有效掌握所需的知识，从而更顺利完成各项任务。相比于常规课堂的教师讲授，发现式教学方式更能够激发学生的思考，让他们能够更有效地掌握所需的技能，从而更顺利完成各项任务。通过养成正确的教学惯例，教师能够在课堂享受到轻松愉悦的气氛。

2. 实施合作学习帮助学生在学习过程中相互配合、主动合作

第一，通过将学生划分为不同的小组，让组员协商并由组长指导，可以让每个人都充分发挥所拥有的资源，从而更好地完善自身的学习。第二，教师可以通过不断指导，让每个学生都可以更好地发挥其所拥有的资源，更好地将所学的知识转化为实践，从而更好地完成学习任务。第三，通过与他人的交流，学生可以有效地避免因为错误而影响自身的发展。此外，通过获取他人的支持，学生能更迅速地掌握新的技巧，更好地完善自己的技能。第四，通过及时反馈和指导，教师可以帮助学生发现自身的不足，从而加强他们的专业知识和实践经验，从而提高他们的专业水平。第五，通过合作学习，可以将集体授课与个人指导有机地融为一体，充分利用教育方式的长处，考虑每位学生的不足而有效地促进全面学习，并且显著地改善教学效果。第六，通过合作学习的分组，将专业技能不足的学生纳入适合的团队中，以便他们能够得到特别关注和提升相应的能力。教师会尽力让这些学生熟悉教科书中所涉及的内容、掌握正确的篮球技巧，从而取得最佳效果，进而能让大多数学生掌握良好的篮球运动技能，更加全面地理解篮球运动，从应用所学知识去解决实际中遇到的挑战。第七，通过合作学习，学生不仅可以扩展自身的眼界，还可以深入掌握新的技术，并且可以通过持续的实践来不断完善自身的专业技能，从而使自身的表现达到最佳水准。第八，通过合作学习，学生可以为团队的其他同伴带来实质性的收获，从而使自身的基本功、能力都得以进一步巩固与发展。第九，通过合作学习，可以让学生更加自觉地去探索，并且有效地检查自身的行为是否符合要求；及时的反馈可以让他们摆脱消极的思维方式，培养良好的沟通与协调能力，承担起协调团队的重任，激活团队的潜力，发现

可能出现的失误并合理地纠正，提高他们的信心。

（二）有利于学生非智力因素的提高

随着现代社会的发展，人才的定义已经不仅仅是有知识有文化，更重要的是强调与人交往的能力、社会适应能力及其他各样的非智力因素，如良好的思维、创造力、抗压力、沟通技巧、团队合作精神，而这些都可以通过各种形式的培养来实现。

1. 有利于提高学生的群体意识

随着科技的发展，高校大学生可以更加自主地参与到各种活动当中，而不再受到传统的课堂安排或者教师的束缚。通过采用各种不同的教育模式，可以让学生更加自然地相互沟通，从而更好地发展自己的能力，更好地促进彼此的关系，从而更好地实现自我价值。通过采用多种不同的教学模式，不仅可以极大地提升学生的学习成绩，而且还能够培养他们的协作精神，激发他们的潜能，让他们能够更好地发挥自身的潜力。此外，教师不仅要扮演教师的角色，还要扮演队友的角色，从而使教师和学生能够更好地沟通、相处，并且更容易取得成功。通过采用各种不同的教育模式，可以促进师生、同伴之间的互动，持续的沟通与相互理解必然提升他们的社会互动技巧。

通过采用多种教学方法，可以让基础较弱的学生得到来自同伴的支持和鼓励，提升自信心和积极性，并且拥有更好的交流能力；而成绩优秀的学生则可以在这种环境中发挥自身的潜能，从而获得成就感和满足感。通过采用多种教学方法，教师已经建立了一种和谐的人际关系。

2. 有利于提高学生的适应能力

随着社会需要的变化，学校培养人才的目标不仅仅局限于学生知识的积累和能力的提高，如何让学生适应快速变化的社会需要已经成为当今教学的重要课题。在多样化教学方法下，学生之间以合作为主、以竞争为辅，竞争与合作并进。在合作教学环境下学生具有强烈的主人翁精神，学生被分为不同的小组，小组成员之间共同切磋、互相帮助，形成一种积极活泼的学习氛围。苏联教育家苏霍姆林斯基曾说过："促进自我教育的教育才是真正的教育。"①多样化教学方法下不同层次的学生都得到了心理的满足。在篮球运动和篮球教学中，集团观念和小组成员之间的友爱、信任、团结观念非常重要，多样化教学方法的实施过程也是这种适应能力的形成过程。在运动和学习过程中，小组成员从不能很好合作到完全契合需要一个漫长的过程，这个结果传统的教学方法也可以达到，但是多样化教学方法可以做得更好，会让学生的集体观念和适应能力体现得更加完善。通过多样化教学方法和传统教学方法的对比，可发现前者在学生群体适应能力和社会适应能力方面有更大的优势，学生的团队合作精神和竞争意识得到良好的提高。在交往过程中学生逐渐学会相互尊重、相互理解、取长补短，在不断提高团队意识的同时，也对小组中的各个成员发展有良好的促进作用。

（三）有利于学生心理健康水平的提高

随着全球化的发展，人们面临的挑战越来越多，而身心健康也变得越来越重要。世界卫生组织（WHO）在《阿拉木图宣言》中给出健康的定义是："健康不仅是没有疾病或不虚弱，而是身体上、精神上和社会适应方面的完好状态。"教育学和心理学研究表明，学习知识和训练能力都需要智力因素和非智力因素的共同参与，才能达到健康的标准。大学生在高校期间，除了保持体魄和精神上的身心健康，更需要培养自己的社交技巧和自我调节的能力，使自己在未来的职业生涯中更加自信。此外，大学生正处在青春期和成年期的过渡阶段，身心健康尤为关键。因此，高校必须给予他们充分的关注和支持，帮助大学生在未来的职业中取得更多的进步。社会适应性意味着一种良性的、协调的、均衡的生活方式，它既可以帮助人们在外在的真实世界中找到自己的位置，又可以帮助人们在自身的情感世界中找到一种安全感。随着日益激烈的竞争，高校既要承担起传统的教育责任，又要应对日益增长的人才需求压力，同时高校还要树立正确的、先进的思想观念，因为高校要为当今的年轻人创造更加完善的求学、工作、交往的舞台。进入高校时，每位大学生都面临巨大的挑战，这些挑

---

① 毛振明，吴键，马铮. 体育教学模式论［J］. 体育科学，1998（6）：5–8.

战将会在他们的未来发展中产生巨大的影响。根据相关的调查，持续的心理压力可能会导致他们无法顺利地完成学业，甚至最终导致严重后果。为了更好地帮助大学生解决各种各样的问题，篮球教师需要认真考虑各种情况，找到适当的方法来帮助学生，采取有效的途径进行教育和疏导，将教育和心理咨询有机地结合在一起。

（四）有利于学生学习兴趣的提高

"兴趣是指一个人力求探索某种事物和某种活动的认识倾向，它是激发人们学习动机的主要内在'激素'，直接影响人们的学习情绪和反馈效果。"[①]"学习兴趣是人们积极地认识、探究或参与体育运动的一种心理倾向，它调节着人对体育项目或参与的行为的选择和行为反应，是获得体育知识与技能，促进身心健康的重要动力。"[②]篮球作为一项充满活力、欢快、富含美感的团队活动，赢得了广泛欢迎，尤其受到高校大学生的青睐。随着时代的发展，传统的教学模式已经被抛弃，许多学校开始更加注重激发学生的兴趣，让他们更加热衷于这门充满活力的体育课程。然而，经调查发现，大多数学生对篮球课缺乏热情，这主要归咎于教师单纯地灌输"讲解—示范—练习—反复练习"，而没有充分考虑到学生的潜质以及他们的接纳度。许多教师过于注重时间的紧迫性，把重点放在了课堂的表现上，而忽略了课程的深入性。由于忽视了课程的深层次含义，篮球课堂教学变得枯燥乏味，学生也开始变得缺乏活力，篮球兴趣变得越来越淡漠。显然，兴趣的存在取决于如何运用不同的教育策略。采取多种不同的教育策略，不仅会让学生获得更丰富的经验，而且还会让他们更加热衷于探索，培养出更高的学习热情。在当今时代，学校教育的重心已经从单一的知识和技能转向了三维的内容，包括知识与技能、过程与方法、情感态度与价值观。在教学目标中，学生的兴趣等也成为关注的对象。

通过对体育课的深入研究，尤其是对于篮球的研究，可以发现，学生的学习热情对于他们参加各种体育锻炼的决心、努力以及持续时间（次

---

① 刘扬. 异步教学法在普通高校篮球选项课教学中的应用研究［D］. 长春：东北师范大学，2009.

② 董杰. 高校体育专业篮球教学方法多元化的应用研究［D］. 上海：华东师范大学，2009.

数）都有重要的作用。通过培养他们的兴趣，能够把学生积极向上的情感与篮球运用联系起来，从而使学生投入更多的时间和精力。篮球兴趣的存在本身就是学生乐于参加体育活动的主观意向的表现，是学生能够进行积极主动学习的标志，因而学生对篮球的兴趣直接会对教师的教学质量产生很大的影响。

　　兴趣其实来自好奇心，对某种知识和技能有着强烈的兴趣就可以提高学生的积极性，营造良好的课堂氛围。在传统教学方法下，学生对篮球教学提不起兴趣的主要原因在于学生在课堂中获得的乐趣和刺激非常少，但是在多样化教学方法下，视、听、触等多种类型的感知和思维活动同时融入学习知识的过程中，改变了以往以运动技术为核心的枯燥单调的教学方法，并在练习形式上也与传统教学模式有很大不同。在灵活多样和切实可行的教学方法下，学生充分展示自己的能力，每一堂课都会有一种新鲜感和快乐感。在多样化教学方法下，交流不仅仅是教师与学生之间，而且可以是学生与学生之间、小组与小组之间，在整个教学过程中教师和学生之间是一种和谐、同等、互助的关系，学生的主体地位得到了极大的尊重，这就给学生创造出了巨大的发展空间和促进了学生多种智能的共同发展，学生的学习兴趣和技能训练兴趣也会极大提高。学生一旦对学习产生极大兴趣，就会主动对与课程有关的事情和信息表现出特别的关注，并积极投入学习中去，对学习效果会有较大影响。

第二章　现代体育教学理念及其对高校篮球运动的启示

第一节　"以人为本"教学理念及其对高校篮球运动的启示

一、"以人为本"教学思想概述

"以人为本"思想在古今中外均有所提及，只是一直到近现代才发展成为一个系统的思想在教育教学领域成为一个固定的名词。

（一）我国古代"以人为本"思想

古代中国拥有悠久的传承，其中包括许多具有深远影响的思想，其中"以人为本"的教学观念也深受当时人们的欢迎，但当时的教育观念尚未发展为一个完整的、完备的理论框架。自商周以来，"民本"思想是我国古代教育家和思想家重视"人"的重要体现；春秋时期，"仁者爱人""以民为国家之本"等都与"以人为本"教学思想有着密切关系。但是，当时对"人"的关注主要是政治意义上的，在教育方面并没有系统地显现出来。

（二）西方早期"以人为本"思想

在西方，与现代"以人为本"的思想具有相似思想内涵的人本思想最早在古希腊时期就已经出现，正式形成是在意大利文艺复兴时期。古希腊时期，"以人为本"的思想雏形就已经出现，这一时期，人民崇尚体育活动，重视人的身体的健康发展，关注人本身。在文艺复兴时期，"尊重人、关注人"的思想得到了广泛推广。神学思想对人的身体和欲望的压制受到了质疑，人们重新开始关注自我的健康发展。

（三）现代"以人为本"思想内涵

自19世纪初德国哲学家路德维希·费尔巴哈（Ludwig Feuerbach）首次提出"人本主义"的口号后，人本主义思想引起了社会家和思想家的重视，并不断有思想家提出新的"人本"观点，对"人本主义"学说进行丰富。在人本主义思想的不断丰富与广泛影响下，在教育教学领域展开了对教学目的、任务、过程设计等的讨论与变革，促进了现代体育教育的发展。

在我国，就体育教育教学领域而言，"以人为本"教学思想指出，教育应落实到"育人"和"促进人的发展"上面，这对我国传统体育过度重视竞技体育成绩、用体能训练和技能训练代替体育教学、体育教学重视竞技体育人才培养和为竞技体育运动发展服务等教学思想进行了否定。

体育教育坚持"以人为本"教学思想，教育的出发点、中心、最终归宿都是"人"，教育的目的是"人的发展"，教育是以人为基础和根本的。"以人为本"的发展观要求在教育过程中将人的自由和全面发展以及终极价值实现重视起来，要求体育教育突破机械的教育模式，真正转变为人的教育。教育是一种让人们获得自我成长、深入了解自身的机会，而不仅仅是以金钱来衡量一个人的价值和尊严。

将"以人为本"理念融入体育教育，是当今时代人类社会协调和可持续发展的基本要求和重要内容。21世纪是一个充满机遇和挑战的时代，人才竞争已成为当今世界的重中之重。为了培养出具有创新精神和实践能力的人才，各级学校应当深入贯彻"以人为本"，努力推进体育教学的创新和发展。

二、"以人为本"的理论基础

"以人为本"教学思想是在现代人本主义教育思想的基础上发展起来的。人本主义教育思想的产生，源于对现代科学发展中人对科学产品的使用和在智能化时代发展过程中的人的价值的丧失的思考。随着科技快速发展，科学主义成了20世纪教育发展的主流。在科学技术不断发展的影响下，人类社会的生产生活方式发生了很大的变化，科学改变生活，对人们启发很大，人们依赖科技，也会越来越受制于科技。因此，在教育层面，人们也越来越强调"人本主义"，旨在将人从"器物"中解放出来。现代人本主义强调，应将人类从依赖科技中解放出来，恢复人在世界中的本体地位，而非依附于科技发展。从社会发展中人的主体地位的体现到教育领域中对作为学习者、施教者的教学活动参与主体的"人"的重视，"以人为本"思想在教育领域越来越得到重视。

教育教学中的"以人为本"教学思想强调"人"的重要性，在教学中，真正关注教师、学生的自我健康和可持续发展。"人本主义"理论强调学习者应该成为学习的核心，并且应该得到充分尊重；学习是一个充满活力和创造力的过程，其最终目标是实现"自我实现"的理想；强调教育应促进教学参与者（尤其是学生）人格的完整，促进人的认知与情感的丰富、提高；"意义学习"提供了一种有效的方法来建立良好的人际关系。

三、"以人为本"教学思想的含义

关于"以人为本"教学思想的含义，中外学者有不少研究，并提出了自己的看法，我国学者的代表性观点有如下两种。

王景英强调，"以人为本"的理念核心是教育要提升人的主体地位，"以人为本"强调培养学习者的自我意识和自我发展能力，重视学生在教学中的主体地位。

燕国材认为，教育的"以人为本"强调了教师应该以尊重、理解、关怀和信任的态度来对待学生，并且要发掘他们的独特之处、个性化发展。"以人为本"中的"人"涵盖了学生和教师两个方面的内容，而不是局限于学生或是教师任一角色。

在"以人为本"教学思想中，广义的"人"是指学生、教师和教育管理者，狭义的"人"是指学生，教育是"培养人"的一种活动，"以人为本"中的"人"的最大内涵是"学生"，教育应以学生的身心健康、全面发展为"本"。

四、"以人为本"的教学观点

"以人为本"肯定了人在教育中的重要作用，在教育教学实践的广泛应用过程中，体育教育工作者和许多学者逐渐总结概括出了以下几个观点。

（一）教育的目的是促进师生自我实现

首先，学生的自我实现是要促进学生的智能、心理、身体、社会性等全方面发展，让每一个学生都能通过体育教学有所进步。体育具有多元教育价值，通过体育教学能促进学生的各种素质的综合发展。在"以人为本"的基础性理论——人本理论的支持下，体育教育强调在体育教学中不仅要重视健康知识和运动技能的学习，还要通过科学的体育教学环境创设和教学过程安排来促进学生的心理、情感、智慧、社会性发展，使学生情感和智力有机结合。教育学家卡尔·罗杰斯（Carl Rogers）认为，体育教育的一个重要教学任务就是在体育教学中促进学生的认知与情感的共同进步与发展，通过体育教学，发掘并激发每一个学生蕴藏的潜能，培养学生不同方面的创造性，最终培养出来的学生应具有创新、创造意识与能力，这样的人才才是社会真正需要的人才。

其次，教师的自我实现最基本的就是能创造性地完成体育教学任务。在教学中实现作为教师这一角色的价值，通过教学，体育教师培养出适合社会发展的合格人才，促进学生的发展与进步。

最后，在体育教学中，通过对体育教学的科学设计与各种丰富多彩的体育教学活动的开展和教学媒体媒介的应用来提高自己的教学能力、组织能力、社交能力、科研能力、创造力等，促进自我综合教学能力和体育素养的不断提高，实现自我职业生涯的不断发展，并能在日常工作和生活中身体力行地从事体育健身锻炼，不断提高自身的身体健康水平，并能对学生和周围的人形成一种潜移默化的影响。

（二）课程安排应尊重学生的自由发展

随着人本主义的兴起，传统的教育方式被抛弃，转而强调以学习者为中心，以培养学习者的个体能力为目标，培养学习者的创新能力、独立能力、全面素养，从而达到满足社会对人才需求的最终目的。在人本教育基础上，我国所提出的素质教育也正是以学生为本的一种教育。它强调了学生是教育活动的主体，让他们拥有更多的机会去探索和创新，关注学生的个性发展、独立人格发展。为了达到这一目标，体育课程的设计必须充分考虑学生的多样性和潜力，以激发他们的兴趣，提高他们的能力，促进每一个学生的自我进步。每一个人都与其他人存在个体差异，体育教学所面对的教学对象是成长中的人才，教育不是为了"批量生产人才"，而是旨在促进每一个人在健康全面发展的基础上获得个性化发展。因此，体育教学应在统一要求的基础上做到因材施教，教师必须尽可能地实现多种多样、侧重点不同的教学课程设计，使每一个学生都能在体育教学中有所进步与成长。

（三）教学方法选用应重视学生情感体验

人本主义教学理论强调"以人为本"，主张实现个性化发展，教学要以学生为主体，而学生的发展是从学习经验中体悟和实现的，这就要求在体育教学中应重视科学化体育教学方法的选择，为学生创造良好的学习体验，激发学生的体育学习兴趣。现代体育课堂的核心价值观是培养人的个性，强调以人为本，并且要尊重每个人的情感经历。因此，作为一名体育教师，需要深入了解每个学生，并且要对他们有足够的尊重，以便更好地理解他们，并且相互信任，构筑一个和谐的师生关系，将会为体育课程的有效开展提供强大的支撑。学习者的热情、兴趣和学习成果，都会成为推进课程有效实施的推手，而教师的魅力则会在这一过程中发挥至关重要的作用。此外，建立和谐的师生关系也有助于教学活动中师生能够更好地配合，从而提高体育教学的质量。

五、"以人为本"教学思想在高校体育教学中的应用

（一）重新定位体育教育价值

传统体育教学在对"育人"的认识上存在不少误区。近年来，随着科技的发展，人们越来越重视体育的实践性和实用性，不再仅仅依赖于"增强体质"的功能，而是以更加全面的视角来评估学校体育的价值。然而，

在体育运动的本质理解上，仍然存在一些偏差，以足球运动教学为例，我国体育教材普遍将其定义为"以脚支配球为主，两个队在同一场地内进行攻守的体育运动项目"，这种观念与科学的发展方向相悖，因此有必要加强对体育运动的实践性和实用性的认识，以更好地指导学校体育的实践性和实用性。随着全球化的发展，人们对于体育活动的理解也发生了变化。许多教师认为，"球"是活动的最终目标，因此应当处于主导地位，但实际上，"球"也应当受到"人"的控制，"人"才是整个体育活动的活动主体。"以人为本"教育理念的提出，反映了当代社会对人的发展的重视，它强调了人的参与、人与人之间的相互作用，从而使得体育教育教学更加具有针对性，更加具有实效性。当前，"育人"已成为学校体育的核心理念，旨在唤醒人们对于健康生活的重视。现代高校体育教学中，"以人为本"教学思想是符合当前时代的发展要求的。当今社会，人的发展在社会的各个领域受到了重视，即使是在智能时代，很多机器生产代替了人工生产，但是发明机器、操控机器的还是人，人在社会的发展中是起到关键作用的，任何时候都不能忽视人的作用。人本主义教学思想指导下的体育教学，就是要求教育者在体育教学活动开展过程中关注作为教学对象的学生这一因素，教师的教学活动开展需要学生的参与、配合，如果没有学生的参与，则教学活动就没有开展的意义了。必须提出的是，教师也是教学活动中非常重要的参与一方，也是应该受到关注的人这一要素。体育教师在教学活动中所发挥的作用也不容忽视。现阶段，我国的体育教学思想呈现出多元化的发展趋势，诸多教学思想都围绕"人"的教育展开论述，讨论了体育教学中如何更好地促进和实现"人"的发展。

（二）体育教学目标的重构

随着社会的进步，许多人开始认识到，传统的学校体育课程应该更加注重培养学生的身心素养，而非仅仅局限于"三基"的训练。因此，许多人开始转向更加注重培养学生的身心素养，而非仅仅关注获得更多的竞赛奖项。随着体育教学的不断发展，新的科学化的教学理论、教学思想给了体育教育工作者更多的教育启发与指导，体育教学的育人作用被不断丰富和发展，多元化的学校体育价值体系对体育教学目标重构提出了要求。新时期，"以人为本"教育理念在学校不同学科的教学中得到广泛应用，也有越来越多的学者认识到传统的体育教育体制不再适合当前的体育教学，不能单纯地追求学生的外在技能水平，而应该重视学生的全面、健康、可持续发展。随着"以人为本"理念的不断深入，体育课程的焦点已经从传统的单一的课程变得更加多元化，而且教师更加清楚地意识到，每个人都应该成为一个有价值的活跃的参与者，并且体育教学目标应该致力于培养他们的综合能力。

（三）学生教学主体观的建立

"以人为本"的理念已经深入教师的日常课堂，它不仅是一种理论，还是一种指导，一种行之有效的行动。在这种理念的指导下，许多教师都会根据自己的个性、背景、知识储备以及学习目标，精心设计课堂，以达到最佳的课堂教学效果。高校体育更多以选修课形式设置，不同教师也正是通过个人教学能力对学生"因材施教"，关心关爱学生，研究学生，获得学生喜欢，以此来促进更多的学生来选修自己的体育课程。总而言之，学生是教育的核心，没有他们，教育将无从谈起。

（四）体育课程内容的优选

传统体育教学对学生的全面健康发展关注不够，体育教学课程内容主要是竞技体育运动技能，体育教学课通常被体能训练课、技能训练课代替。新时期的"以人为本"教学思想重视学生的全面、健康、个性化发展，在体育教学内容选择上，也更加科学。在"以人为本"教学思想指导下，我国的体育教学有了很大的进步与发展，为了进一步促进我国体育教学的改革，教育部门先后修订各级学校体育教学大纲，强调在体育教学中要不断丰富体育教学内容，通过多样化教学内容促进学生的身心健康与全面发展。高校体育教学中，教学活动开展也建立在落实"健康第一"的教学思想的基础上进行，通过丰富的体育教学内容来吸引学生参与体育锻炼，通过体育教学促进学生身心健康发展，而非传统体育教学中只关注竞技能力提高，有时为达到"竞技力提高的目的"甚至安排不合理教学内容，超负荷锻炼无疑是揠苗助长，会对学生身心健康造成损害，这种行为是"健康第一"教学思想坚决禁止的。

"以人为本"教学思想旨在为高校体育教学提供更多的可能性，并且强调要根据不同大学生的发展需求，精心挑选出有趣、有益的体育教学内容；通过课程改革，激发学生的学习热情，让他们更加深入地理解和掌握体育知识；强调体育教学内容的健身性，过度强调竞技技术提高的体育教学内容予以摒弃或改编，使之能更好地为促进高校大学生的身体健康服务；重视体育教学内容的适用性，体育教学内容的教学实施应有利于学生的身体健康发展，并能为高校大学生的终身体育意识和体育能力的培养奠定基础；关注体育教学内容的创新性，高校体育教学内容还应适应现代化社会发展潮流，应具有启发性、创新性，促进高校大学生的创新意识和能力培养。

六、"以人为本"对高校篮球教学的启示

（一）提高学生对篮球运动的积极性

首先，教师要把"以人为本"的理念融入高校篮球课堂，确立学生的主体地位并给予他们充分的指导，使学生成为教学活动的中心，让他们能够全面理解课程内容，并且能够将其融入自身的成长过程。其次，"兴趣是最好的老师"，教师要从学生的角度出发去思考篮球运动的吸引力，可以采取多方面的手段，如借助多媒体，用普遍受欢迎的篮球运动员、球赛来激发学生的篮球兴趣和体育激情。再次，学校可以邀请知名篮球运动员参加高校的体育活动，以此来激发学生的热情，调动学生对篮球其至对其他体育运动的积极性。最后，在高校篮球教学中，教师要加强和学生的交流，并且能够给予有效、及时的反馈。比如教师通过示范引领，吸引学生的注意力，培养他们的自信心。示范完成之后，教师与学生一起探究，寻找解决实践中的一些问题和动作的要点、难点，帮助学生查漏补缺。

（二）提高篮球教学的师资力量和专业素养

篮球教学是高校培养德才兼备人才的重要组成部分，在当今社会中具有极其重要的意义。然而，由于师资队伍的短板，很多学生无法得到良好的素质提升，从而阻碍了他们的全面发展。为了解决这一问题，高校应不断扩

大师资力量，吸引优秀的专业人才，可以邀请来自国内外的专家来提供专业的技术支持。篮球运动更多地注重团体合作，通过充分利用团队中每个人的优势，可以让整支队伍的技术水平、经验、技巧等方面达到最佳状态。此外，由于每个学生之间存在差异性，教师也需要给予他们适当的个别指导，发挥学生的长处，并鼓励学生相互合作，共同成长，这样才能调动学生的积极性和参与热情。若想让学生更好地理解并掌握篮球知识与技巧，教师必须具备良好的专业技能。高校篮球教师要观察学生的特点，并且根据学生的个性、兴趣爱好、需求来制订具有针对性的培训计划。此外，篮球教师应该认真负责地进行每节课的授课。由于许多高校里的篮球教师承接了许多不同的班级，他们可能会因为重复的几节课而感到疲惫。然而，对学生而言，接受的却是新的知识与技巧，因而教师应该保持积极的情绪，认真对待每一节课。高校不仅关注学生的成长，还应该关注教师的成长，这样才是"以人为本"。高校应该定期举办培训课程，让教师可以更自信地授课，并且他们的人格魅力会让学生对他们产生尊重，从而让教师更专注于篮球学习。

（三）合理安排篮球场地，并提供必要的训练设备和器材

篮球训练具有一定的危险性，如果场地质量不达标，将会给学生和教师的安全带来一定的隐患。在安排篮球场地时，必须注意它的宽敞度，并且没有任何阻拦，这样才能避免运动过程中的受伤风险，并且能够让运动者更加轻松愉快。因此，学校应该认真规划篮球场地的布局，并且经常派工作人员去检查和维修，以确保运动安全。专业化的场地可以让教师放心地示范一些高难度的专业动作，帮助他们更好地演练一些复杂的技术。此外，高校还需要投入适当的经费，确保篮球教学器材充足，最大限度地降低运动损伤的风险。

第二节　"健康第一"教学理念及其对高校篮球运动的启示

一、"健康第一"教学思想基本理论

（一）"健康第一"的理论依据

从世界范围来看，"健康第一"教学思想的提出是符合世界教育发展趋势和社会对人才的发展要求的。

1. 世界范围内对人类健康发展的重视

在人类社会的发展历程中，健康始终是一个备受关注的课题。人类健康是推动人类社会发展的一个必要条件。世界范围内各国开始普遍性地关注社会健康、大众健康是在20世纪50年代，各国社会经济逐渐恢复，各方面的发展促进了各个国家和地区对本国家和地区的人们健康的重视，大众健康逐渐走入公众视野，同时教育领域关注学生健康也成为国际体育教育的发展潮流。公众健康问题在世界范围内广受重视始于1948年。当时，世界卫生组织提出了现代健康新理念。为适应世界发展趋势，我国也开始关注社会大众健康教育、学校体育教育，提出"健康第一"的教育教学指导思想。随着国际的大众健康交流日益增多，各国和地区都非常重视本国和地区的大众健康发展，整个社会已对体育的功能、价值等方面形成了全新的认识，在教育领域，重视学生的健康发展，成为各个国家和地区重视本国体育事业和教育事业发展的重中之重，体育健康教育对增强青少年体质健康水平，通过青少年群体影响周围群众健康，以及实现青少年进入社会成为社会体育人口，间接增进社会大众健康具有重要而深远的影响。1999年，《中共中央国务院关于深化教育改革全面推进素质教育的决定》公布，这标志着"健康第一"教学思想正式被纳入我国高等院校的课程设置，以满足当今社会对于优秀人才的需求。

2. 社会发展对人才健康发展的客观要求

科学科技不断进步，经济高速发展，使得现代人的社会生活节奏日益加快，体力劳动因机械而大量减少，取而代之的是长时间伏案工作，结果是运动不足、肌肉锻炼不足严重影响了人们的身体健康。基于社会压力所产生的各种心理疾病严重影响了人们的心理健康。社会功利化发展，过多的利益争夺对人们的社会性发展也产生了不良影响。诸多健康问题困扰着个人的发展和整个社会的健康发展。20世纪90年代，有关学者研究发现，人们因疾病而导致死亡的原因发生了本质性变化，其中由于生活方式急剧转变而导致的疾病依然成了当代人死亡高发的重要诱因。健康问题成为一个社会发展问题，人们充分认识到健康的重要性，在教育领域，学生的健康问题同样引起关注。21世纪初，"全民健身"和"青少年体质健康"的影响力已经深深地渗透到了日常生活中，让全体公众都能够积极参加体育健身，并且通过体育健身教育来抵抗"现代文明病""办公室病症""肌肉饥饿与锻炼不够病"的威胁。在当前和未来社会的发展过程中，健康问题将始终是影响个人和社会发展的首要问题，高频节奏的社会工作生活与激烈竞争要求现代人才不仅具备扎实的科学知识和综合性能力，还必须具备强健的体魄。从这个角度来讲，身体健康是其他一切健康的基础，身体健康是个体生活、学习、工作的基础，如果没有一个健康的身体，则很难在社会劳动力竞争中占据优势，社会竞争对劳动力的基本要求就是身体健康。为了在这个激烈的竞争中保持优势，健康的身体是至关重要的。发展教育，为社会发展培养合格的人才，就要促进个人的健康发展，对学生群体进行身体健康教育是体育健康教育的重中之重。

（二）"健康第一"教育理念的特点

"健康第一"教育理念内涵丰富，在体育教学实践中，主要表现出以下特点。

1. 强调身体健康是健康的基础

"健康第一"强调全面的健康，涵盖身体、心理、社会等多个方面，其中身体健康是"健康"的基础和核心，健康的身体是人类发展的基础。因此，学校教育应该优先考虑健康教育。

2. 强调多元健康发展的素质教育

体育教育应重视学生的健康发展，"健康第一"是现阶段的重要的先进教育理念，学校教育的首要目标是促进学生的健康成长，学生的身心健康比"卷面分数""升学率"更为重要。

3. 强调健康教育的全面性

首先，学生身体健康教育。在"健康第一"教育理念的指导下，体育教师应时刻关注学生各方面健康的综合发展。通过体育教学，关注和促进学生的身体健康发展，也促进学生的心理和社会性的发展，为其奠定良好的身体基础、心理基础，并能在走进社会之后有良好的身心健康状态和水平，能够应对生活、工作、再教育中的各种挑战。

其次，学生心理健康教育。现代社会竞争日益加剧，各种社会竞争要求社会生活中的每个成员都应具备良好的心理素质，才能正确地看待和应对生活、就业、恋爱、家庭等过程中的各种问题。体育具有促进运动者健康心理形成和发展的重要作用。

最后，学生社会性发展教育。体育是一种独特的教育形式，体育教学可促进学生的社会适应能力的良好发展，有意识地在教学中培养学生的建立人际关系、竞争与合作能力。

二、"健康第一"教学思想在高校体育教学中的应用

1. 树立体育教育新观念

"健康第一"教学思想对我国的体育教育的最重要的影响就是教育重点和方向的转变。新时期，贯彻"健康第一"教学思想，就必须转变体育教育观念，改变竞技体育教育，关注学生身心健康发展。应当将教育的重点从仅仅关注学生的外在技能水平转变为关注他们的全面发展和协调性。不断深化高校体育教育教学改革，必须落实健康教育，每一个高校体育教育工作者都应该形成正确的体育价值观，培养良好的意志品质，不断完善性格特征。现代的体育教育需要重视"增强体质"的基本原则，并且在"健康第一"理念的指导下进行改进。当前，教师需要更多的能力来适应

日益复杂的社会需求，因此教师需要培养出具有良好的生活习惯和个人品质的优秀学生。

2. 明确体育健康教学目标

"育人"是当前体育教育的核心目标，它强调了技术教育和体制教育的重要性，而"健康第一"则更加强调了多元化、多层次的体育目标，以满足当前社会发展的需求。具体如下：高校体育教育应重视加强学生的体育文化知识教育，提高学生体育文化素养；高校体育教育应充分融合健康、卫生、保健、美育等多种教育内容，通过内容全面的体育教育来培养学生健康的体育意识、健康的娱乐休闲习惯，远离可能影响个人身体健康的一切不健康因素和事件的影响；高校的体育教育工作的开展应紧密结合学生生长发育与生活实际开展健康教育，使学生会自我保护，预防疾病发生；高校体育教育应重视大学生青春期教育和心理健康教育，将其作为健康教育的重要内容来抓好，为学生在特殊时期的健康成长提供科学指导。

3. 完善体育教学课程体系深化

高校体育教学课程体系改革是促进高校体育教学发展的一个重要和有效途径。新时期，要贯彻落实"健康第一"体育教学思想，就必须在体育教学课程体系建设方面做好工作，不断丰富体育教学课程体系内容，以更好地满足当前高校大学生的多元化、个性化的体育健康发展需求。在"健康第一"教育理念影响下，我国的高校体育教学课程现状发生了很大的改变，如体育课程内容的增加，教学方法的不断丰富、学校体育课内与课外活动的有机结合，体育选修课越来越考虑大学生的学习爱好与需要，体育课程与内容设置针对不同专业学生凸显出了专业特点等。

现阶段，要继续贯彻"健康第一"教学思想，建设更加完善的体育教学课程体系，应持续做好以下工作：①在高校体育教学中，应始终坚持以学生为主体，将学生的身心健康发展放在首位，所有教学活动的开展都应围绕促进学生的健康发展服务；②调整体育教学内容，充分了解学生的特点和需求，对体育教学大纲所规定的教学内容进行科学选择，对与本校实际教学情况和本校学生不适合的教学内容进行调整，使体育教学内容能更好地从理论落实到教学活动实践中；③通过丰富的体育教学内容吸引高校大学生的体育学习与体育参与兴趣，通过丰富的体育教学内容满足大学生的不同体育学习需求；④重视教学内容的因地制宜，根据本地区气候、资源以及学校自身教学特点来进行特色化的体育教学课程设置，并研究推出更能反映本校学生健康发展的健康监测内容与标准；⑤为了让更多的人受益于体育，要将课内体育教育与课外体育活动有机结合，以提高学生对体育课的兴趣，培养他们良好的饮食习惯、作息习惯和锻炼习惯，保持健康的生活方式。

4. 重视体育教学方法优化

良好的体育教学效果受到体育教学方法是否正确的影响，在高校体育教学中，有很多体育教学方法可以供教师进行选择，不同的体育教学方法有不同的特点，同一种体育教学内容可通过多种教学方法来展现给学生，体育教师应该判断出哪一种教学方法是最合适的，这样可以促进教学方法应用的最优化，进而促进体育教学效果的最优化。重视体育教学方法优化，要求体育教师具有良好的体育教学能力，具备能科学选择各种教学方法、有效应用各种教学方法的能力。

5. 教学评价体系的完善

在"健康第一"教学思想的影响下，体育教学的评价应以学生的体质增强、身心健康发展为重要评价指标，完善体育教学评价体系。"健康第一"教学思想指导下的高校体育教学评价体系的科学化构建与完善，具体要求如下：对学生的全面评价中，要重视对多方面的教学效果进行量化分析，并且将定性评价和定量评价相结合，提高教学评价的科学性，促进学生能更好地认识自身的不足以及获得学习的动力；对学生的全面评价中，要做到评价内容的全面、评价指标的全面、评价方法的全面，还有尽量做到邀请不同的评价主体进行评价；体育教学不仅注重对学生进行全面的评价，还注重对教师教学方面的评价。

三、"健康第一"教学思想对高校篮球运动的启示

（一）优化篮球专项课程

1. 重新审视教学思维，推动"健康第一"理念得到深入发展和实践

要改变教师传统的教学思维，使体育教学与时俱进。在篮球课堂中，教师应该把以身作则的原则融入教学中，让学生拥有健康的体质，并以"身"为本，为他们树立正确的健身意识，为他们的未来发展打下坚实的基础。为了达到这一点，应该采用全面的、创造性的、有效的、有益的教学模式，将"健康第一"的教育理念贯彻落实好，促进学生健康学习理念和生活理念的形成。

2. 改进"健康第一"的教学内容，形成"健康第一"的氛围

教学内容对于学生的学习有着至关重要的作用，教师要将自己的教学内容进行丰富和优化，制订针对性的教学计划，以达到最佳的教学效果。教师将健康第一的目标作为自己教学的目标，将学生健康水平的提升作为自己奋斗的目标。通过提升运动技能，更好地将篮球的理论和技能、多功能发展的目标建立起来，增强篮球运动的健康性，不再追求以技能的发展为最终目标，要以健康观念和运动方式作为最终目标，形成"全民健身，健康第一"的良好氛围。

3. 改进教学方法，提升"健康第一"课程的主体形式

在体育运动课堂上，教学方法至关重要，这个过程自始至终都要传递"健康第一"和"全民健身"的理念。把健康放在首位，让每一位学生都能够体验到体育锻炼的快乐。同时，教师也应该贯彻新时代的思想，让每一位学生凭借自己的努力获得优异的锻炼效果。为了提高学生的篮球素养，教师应该鼓励他们参与课外活动，进行实践练习，提升他们的技术水平，建立丰富的运动体验感。教师要让学生做篮球运动的学习主体，培养他们的学习兴趣，提高他们的参与度，使他们的主动性和积极性被激发出来。教师应该认真负责地审查并评估学生在篮球教学中的表现。当前，以"健康第一"作为教学目标，要将篮球的相关理念和实际操作进行动态考核，灵活地检查学生的运用能力，并结合他们的日常表现来综合评价。

（二）重视"健康第一"思想在课内外教育的延伸

基于"健康第一"理念，结合课内外的教学方式，采取多种有效的教学模式，以促进学生的全面发展，使他们不仅具备健康的身心状态，而且还可以训练出优秀的篮球基本功，从而使他们的身心健康得到全面的提

升，达到让他们更加轻松愉悦的状态。此外，这种多元化的教学模式也有助于提高学生的综合实力，让他们可以把"健康第一"的思想落实到实践当中，从而获得较好的效果。对于大多数高校的学生来讲，打篮球无疑是一项重要的体育运动，它既富有激情又富有挑战，给他们带来一种莫大的快乐。然而，大多数高校的体育课时长较短，无法充分满足学生的体育运动需求。为此，教师要加强学生的运动训练，使他们掌握正确的打篮球技能，养成正确的运动习惯，从而提升大学生的身心素质，增强竞争力，为其未来打下扎实的基础。

营造一种有利于学习和体育运动的环境，除篮球课程教学的内容以外，还能自觉地形成课外锻炼的意识、氛围，最终在课内外形成联动，达到增强学生体质和提升学生健康水平的目的。此外，通过运用有趣的游戏、竞技等多种方式，教师可以帮助学生提高运动技巧，并且使他们的运动水平达到预定目标。

（三）优化篮球课程的实践方式和策略

1. 在课程中融入"健康第一"的发展目标设置

随着社会的发展，篮球运动已经从传统的竞技赛或比赛形式转变为一种健康的活动。因此，教师应该把健康第一的理念深深地植入学生的心中，让他们把篮球训练和课程融入日常的活动中，并且把它作为一种爱好，让锻炼成为一种健康的象征，从而更好地帮助学生理解健康第一的运动理念。

2. 篮球课程要凸显学生的能力，进行分层教学

学生的能力是因人而异的，不是所有学生在篮球运动的底子上都相同。因此，在进行篮球课程的设置时，教师一定要充分重视学生的差异性，在差异性的范围内进行教学，促进学生全面发展。针对初级层次学生的篮球教学，因为学生对篮球的学习内容和打法还不熟悉，因此教师要使学生保持良好的篮球习惯，运用幽默风趣的教学形式激发学生的学习热情，同时，高校教师可以引导学生观看相关的篮球赛事，增加学生了解篮球的机会，并且针对"投篮、抢篮板、传球、运球、防守"五大基本技能加强对学生的训练，打好篮球运动的基础，为学生今后学习建立快乐的兴

趣源泉；针对中级层次学生的篮球教学，体育教师要从提升学生的篮球技巧水平做起，进行实战技能的操作训练，并且在其中融入多媒体教学，来更加直观地展示篮球的技能技巧，以及更多的教师无法演示的打法，同时要通过系统化、标准化的技巧方面的教学，让高职的学生能够有效地掌握传球方向与力度的技巧、三步上篮、投篮力度与弧度技巧、变相运球技巧等。通过加强对篮球技巧的研究，可以帮助学生更好地应对挑战，并培养良好的竞争意识。此外，"战术对抗赛"课程也可以帮助提升学生的篮球素养，让他们更好地理解和应用战术，从而培养出良好的竞争意识和良好的身心素质。采用多元化的课程设置，让篮球这项传统体育项目深深地植根于每个学生的心灵，激励他们不断努力，培养他们以身心健康为重的价值观。

3. 开发篮球课程体系，打造"活力篮球"趣味活动

建立专业的篮球课程体系，可以让篮球这项运动在高校里得到更广泛的推广和发展。篮球不仅是一项技能，它还具有极高的锻炼价值。在建立篮球课程体系时，教师必须确保它的专业性。大学生在篮球教育中需要专业的指导，以确保他们的健康和篮球运动水平得到提升。这不仅是一项体育活动，而且是一种日常锻炼，需要教师的专业指导，以确保篮球运动的正确性和安全性。高校可以打造"活力篮球"的趣味性活动，把篮球作为一种健康的运动来进行推广，让更多的人能够体验到篮球的乐趣，认识到它的重要性，从而推动"健康第一"理念的实施。特别是那些没有打篮球天赋的人，应该把它作为一种趣味活动，并能够从中获得快乐。

第三节 "终身体育"教学理念及其对高校篮球运动的启示

一、"终身体育"教学思想基本理论

（一）"终身体育"的基本内涵

"终身体育"教育理念的出现是人类进步和社会进步的必要条件。

从内容上讲，"终身体育"主要包括两个方面：一是"终身教育"应当贯彻人的一生，从出生开始一直延续到生命的结束。在人的一生中，都应养成参加体育锻炼的习惯，体育是日常生活的重要组成部分。二是"终身体育"作为科学的体育教育，在人的一生中的不同阶段，都有正确的价值观来指导和引导个体参加体育活动，并通过体育活动的参加实现身体的健康发展，终身受益。具体可以从以下几个方面来理解终身体育：时间方面，贯穿于人的一生；内容方面，项目丰富多样，选择性强；人员方面，面向社会全体公民；教育方面，旨在提高全民体质健康水平。

通过"终身体育"教学理念的引入，可以大大提升我国体育教学的水平，这也是所有运动项目的体育教学必须坚持的一种正确的教学理念。要切实推动终身体育教育理念在高校的贯彻落实，教师在推动"终身体育"教育思想的落实方面具有非常重要的责任与作用，调查发现，在学生参与体育运动方面，有很多学生受到教师的影响，特别是受到教师业务水平的影响，教师应在教学中和课堂外都提倡学生积极参与体育锻炼。体育教师在课堂教学中应关注学生的终身体育意识和能力的培养，不能只关注或过于重视技术、技能教学；体育教师在课堂外可以组织学生开展各种体育活动、体育游戏，对体育俱乐部或社团项目活动的开展，教师应鼓励，并给出指导性意见和建议。

（二）"终身体育"思想的特征

1. 体育锻炼时间的终身性

作为一种先进的教育理念，"终身体育"最为重要的一点就是能令个体终身受益。"终身体育"的提出，突破了传统学校体育目标那种过分强调学习、掌握运动技能的观念，打破了传统的体育教学把学生接受体育教育的时间仅仅局限于在校学习期间，而是将体育教育时间大大延长，囊括了人的一生。

2. 体育锻炼群体的全民性

"终身体育"是面向全体社会成员的，从学生在学校体育教学中逐渐培养起体育锻炼意识到走出校门、走进社会之后能持续参与体育锻炼，为以后的整个人生参与体育锻炼奠定良好的基础。因此，"终身体育"面向所有民众，应做到全民积极、主动参与。体育教育是一个需要长期坚持的系统工程，健康是人们生存生活的重要基础，体育健身与生活是密不可分的。因此，无论个体的年龄、社会身份发生怎样的变化，都应该成为"终身体育"的教育对象。

3. 体育锻炼目的的实效性

"终身体育"的核心理念是通过个人的成长和社会的进步来实现共同的目标。因此，贯彻"终身体育"思想必须因地制宜、因人而异，不同的人应结合自身实际选择具体的锻炼内容、方式、方法等，同时应融入日常的生活、学习、工作中。随着现代社会的发展，"终身体育"思想已成为一种重要指导原则，以帮助人们更好地满足个人需求，并且更加科学地进行健康锻炼。在体育教学中，内容选择、方法运用都应为提高学生的体育知识、体育技能服务，体育教师要培养学生"终身体育"意识。如此，在学生毕业进入社会后，也能持续参与体育健身锻炼。

（三）"终身体育"与学校体育

1. "终身体育"与学校体育的相同点

第一，共同的体育目标——育人。体育具有多元教育价值，无论是终身体育参与还是学校体育活动参与，其最终目标都是实现体育运动的体育、智育、德育、美育等多元教育价值，更好地促进运动参与者的健康全面发展。健康的身体是实现个人和社会价值的基础，因此学校体育教学应该致力于培养学生的终身体育意识和技能，以便让他们在未来拥有更加健康美好的人生。

第二，共同的体育手段——健身。"终身体育"和学校体育都是通过体育运动健身来实现体育的教育价值，最终的个体行为也都落实在体育健身活动上。"终身体育"思想强调个体应养成终身参与体育锻炼的习惯，不仅保持运动的习惯，而且在人生的每一个阶段都积极参与体育锻炼。在学校里，体育课程的重点在于让学生通过锻炼身体来提高他们的身心健康，并且有助于他们在社会中的成长。

第三，共同的体育任务——学习和提升体育知识、运动技能。个体的终身体育健康参与离不开科学体育知识作为指导，离不开科学的体育健身锻炼；同时，体育知识与体育技能的掌握也是高校体育教学的重要任务。只有掌握这两方面的内容，才能更加科学地去从事体育健身实践活动，才能通过身体力行的体育活动参与实现运动者的身心健康全面发展。

2. "终身体育"与学校体育的区别

第一，参与时限不同。"终身体育"思想贯穿人的一生，而学校体育只负责学生在校期间的体育教育。第二，体育教育对象不同。终身体育旨在培养全民健康，而学校体育则致力于培养学生的健康素养。

二、"终身体育"教学思想在高校体育教学中的应用

1. 转变传统体育教学思想

"终身体育"教学思想指导下的高校体育教学，应该在体育教学内容、体育教学方法、体育教学评价等方面都做到以培养和提高学生的体育终身意识和能力为标准，通过与学生日常生活、学习、工作关系更密切、关联程度更大的体育项目教学，培养学生的运动习惯，而不是仅仅关注学生的运动技能掌握情况。在教育教学过程中，教师应将体育教学达标的制订从过度关注技能指标的思想观念中解放出来，关注学生的体育价值观、体育态度、体育意识、体育行为习惯，如此才能真正有针对性地开展体育教学，才能真正实现终身体育教育。"终身体育"教学思想是高校体育教学改革的指导思想，也是高校体育教学发展的落脚点。

2. 重视学生终身体育意识的培养

个体的体育活动参与行为的实现，必须建立在对"终身体育"教育理念有一个正确的认识的基础上，"终身体育"意识是高校大学生主动进行体育学习、体育参与的重要内部驱动力。当前社会节奏快、生活压力大，每个人都面临着各种各样的生理和心理负担，要获得高质量的生活，就必须确保身心健康发展，体育运动能有效促进运动者的身心保持良好的状态，终身体育对于学生的身心素质发展具有重要作用，学生走进社会之后，在社会上面临的各种压力并不比学生时代少，甚至要更多，体育健身锻炼是一种身心压力释放、身心健康状态重塑的过程，对运动者保持良好

身心状态迎接生活、学习、工作挑战是非常重要的，可以有效提高个人生活质量，提高学习、工作效率。终身体育活动参与对于个人的社会性发展具有重要的促进作用，大学生坚持体育健身锻炼，能有效增强身心适应能力，可以在毕业步入社会后更好地适应社会，提高自己抗击压力的能力。

在高校体育教学实践中，要培养学生的终身体育意识，这要求教师应做好以下教育引导工作：引导学生树立正确的体育价值观；端正体育学习态度；将素质、技能、知识、能力等教育内容渗透到终身体育教育中；在课堂上，让学生更加深入地了解和掌握体育，并培养他们的长期健康意识，以使他们有更好的未来。

3. 丰富终身体育教学内容的设置

学生的个体差异性决定了学生的体育兴趣爱好不同，所适合从事的体育运动项目不同，所渴望学习的体育运动知识与技能（水平）不同，因此在高校体育教学中，不能只追求学生某一特定的运动技能和运动的熟练程度，而是重视不同学生的不同体育发展需求，尽可能地丰富体育教学内容，使体育教学内容项目、层次多样化。

"终身体育"教学思想指导下的体育教学内容丰富化教学工作要求如下：延伸与拓展学校体育课堂教育，使学校体育向终身体育延伸；不同教学内容的课程目标设置应在充分了解与分析学生现状的基础上进行，以体育课程终身体育教学目标为导向组织体育教学；选用体育课程内容时，应重视对休闲体育项目、时尚体育项目的引进，开展能够激发学生体育兴趣和潜能的体育活动。

4. 关注学生需求与社会需求的统一

"终身体育"旨在为学生提供一种健康的生活态度与生活方式，对于任何人来说，身体健康都是个体适应现代社会生活、工作、发展的必要条件。高校体育教育的终身体育教育理念的贯彻，就是要在培养符合社会发展的合格人才的基础上，促进学生的个性化发展，实现学生的社会价值与个人价值的共同发展。

高校"终身体育"教育应当努力实现国家、社会和学生三者的有机结合，以满足三者的需求，并且在这种结合中，做好以下工作：重视国家需要、社会需要与学生个体需要的有机结合；明确学生需要与社会需要的彼此地位是正确处理学校体育发展与社会需要适配性的关键问题；重视体育教育的健身价值与人文价值的实现，重视体育知识、体育技能、体育习惯的共同培养；通过提供全面的体育课程，充分满足学生的学习和发展需求；全面提高大学生的体育素养，以符合社会发展对人才的体质、体能、知识、精神、道德要求。

三、"终身体育"教学思想对高校篮球运动的启示

（一）抓好学校体育篮球课

1. 培养篮球兴趣，树立终身体育意识

学校体育是培养一个人终身体育锻炼习惯的关键环节，因此上好有限的学校体育篮球课，是利用篮球培养终身体育锻炼习惯的重要途径。要让篮球成为终身体育锻炼的项目，首先得让学生深深爱上篮球。因此，篮球课堂一定注重培养篮球兴趣，克服呆板的篮球教学，从学生的身心特点、兴趣爱好出发，活跃篮球气氛，让学生在篮球课中既锻炼身体，又身心愉悦，从而喜欢篮球运动，进一步树立终身体育意识。以学生为主体，在有效的教学中，力求使学生感到愉悦，给学生带来成功的运动感觉，激发学生对篮球的热情，培养大学生对终身体育观的认同感，形成共鸣。

2. 转变教学观念，以学生为本

在篮球课堂上，教师要以学生为本，将重点放在培养学生的健康和技能上。会根据每个学生的特点采取不同的方法。根据每个学生的不同特点调整课程内容，使其能够更好地适应不同的环境，以满足学生对篮球的需要，让他们充分体验篮球运动所带来的快乐。

3. 增强学生的娱乐性和参与度

过去的篮球教育方式过于侧重技巧的讲解，缺乏关于学生的独立思考和创造力。这种方式不仅限制了学生的能力和潜能的培养，也削弱了他们的自信和独立思考能力。因此，"快乐篮球""娱乐篮球"把枯燥的技能技术教学编排成游戏的形式，能够让学生在快乐的氛围中学习篮球。

4. 拥有出色的篮球技巧，为终身体育打下良好的基础

随着学生对篮球的热爱加深，他们对篮球技能的要求也越来越高，因此学校应该积极组织篮球业余训练，以提升学生的运动技能。在篮球教学中，不仅要向学生系统地传授基础技术和技能，并且要求学生遵守规范的动作，培养出正确的动作表现。在此基础上，成立优秀的篮球队，并以其为榜样，带动周围的同学参与篮球运动。

（二）积极营造篮球氛围，培养篮球参与意识

1. 利用多媒体

高校可以挖掘与篮球有关的奇人逸事，提高学生对篮球的热爱，媒体在注重转播篮球赛事的同时，还应加强篮球故事的传播。可以通过各种渠道，如广播、杂志、互联网，来讲述发生在群众身边的篮球故事。通过这类多媒体宣传，对篮球运动的传播与发展起到积极的作用。

2. 观赏CBA比赛

CBA比赛提升了中国篮球的竞技能力，激发人们对这项运动的兴趣和热情。比赛中，选手展现了精湛的技能，他们精心策划了各种进攻，包括娴熟的运球、巧妙的传球、准确的投篮、机智的抢断、卓越的扣篮和出奇的封盖。CBA比赛增强了篮球运动欣赏性，将篮球与艺术结合起来，增强观众的兴趣，使得更多的大学生喜欢上这项运动。

3. 开展大范围的篮球比赛

国家体育总局牵头，各地体育局负责组织，分级搞全国大学生篮球选拔赛。任何一个省市县的篮球比赛都可以冠名为"中国××省（市、县）××届大学生篮球选拔赛"，旨在提高大学生体育水平，促进全国大学生体育发展。通常，县级的比赛会定期举行，时间在3~4月，而市级则在5~6月，而省级的在7~8月，9~10月举办总决赛，届时的总决赛才会拉开帷幕。这样的全国篮球比赛势必将掀起篮球运动的高潮，促进更多的学生把篮球运动作为终身体育锻炼的习惯。

第四节　大课程观对高校篮球运动的启示

一、大课程观与篮球教学理念的内涵

（一）大课程观的内涵

课程的本质是一个完整的"教育活动"，它不仅局限于"计划"或"经验"，而是一个涵盖了多个方面、要素和组成部分的综合性教育过程。所以，大课程观认为，所谓课程是一个复杂的系统，它涵盖了学科课程、活动课程、实践课程、隐藏课程等多种属性和类型，旨在帮助学生更好地理解知识，提高学习效果。从发展的观点看，现代课程是"实践状态"的一个重要组成部分，它不仅涵盖了多种不同的课程类型和形式，而且还提供了多样化的教学方法，以适应不同学生的需求。

大课程观的核心理念是辩证整合的教育价值观念，实现这一理念的是整合课程形态。大课程观将传统的教育方式转变成更加关注于培养个性的过程，追求以人为本，并将其融入一个更加全面的课堂体系中，希望能够更好地帮助学生获得更大的成长。大课程理论在当今世界已经被广泛认可和采用。大课程体系旨在帮助教育机构实现人才培养目标，更好地满足社会对人才的需求，并且在教育实践方面保持一致性和创新性。随着科技的进步，大课程观正被越来越多地融入体育、健康等领域，尤其是如高校篮球教学这类更加注重实践性的课程，从而更加有效地实现培养目标。大课程观的基本思想就是：根据培养目标的要求，将学校的全部教育活动梳理整合为一个课程系统，通过教育行为的协调和规范，全面开发学生的身心潜能，提高其参与社会活动、适应时代需要的综合素质。

（二）篮球教学理念的内涵

篮球教学理念，即篮球教学的思想和信念，旨在帮助人们更好地掌握并应用他们的技能。这种思想和信念将学生的个人体会、情感、态度等因素结合起来，以更好地指导他们的日常训练；这种思想和信念不仅能够帮助学生更好地掌握技能，还能帮助他们更好地了解自己的身体状况。篮球教学理念是对篮球教学活动的方向性起指导作用的思想，它决定着人们从事篮球教学的一切行为活动。只有提高人们对篮球运动的认识，才能更好地指导篮球运动实践。如果不能认清篮球运动的基本规律，就不能按其规律办事，所以要在教学实践中获得主动权，就要树立良好的篮球教学理念，才能取得教学的成功。

二、大课程观对高校篮球教学理念的启示

当代教育背景下，各类新教育思潮、新教育观念遍布校园，尽管多数教师已在无意识中对大课程观此类理念达成过一些认同，但是依旧存在诸多模糊性、争议性与分歧性。有的教师在教育理念引导下发现了一个个教育新生命。当前，大部分研究成果都集中在课改语境下教学理念转型需求，以及现有观念的可行性，或者针对某一个教学理念的单一探索，对于教学观念更为系统化、综合化的探索归纳极少。

（一）教育是一个过程与文化传播理念

1. 教育是一个过程

大课程观强调，课程本质上是一种教育过程，而课程化这一教育过程中蕴含着教学环节。因此在此基础上，人们会改变课程化理解方式，将课程本质理解为不只是单纯的"教育计划"，而是加入教师期望中"教育结果"，以及学生收获中"教育经验"。这时人们仿佛又回归了，将人之天性活动论放在一个位置上来，将课堂看成是教学的一个过程，是一个长期系统性地建构知识体系的过程。教学就是一个过程，而这一过程又通过文化的培育与传递生成文化群落，并由此生成一种人的文化归属意识。人们对于民族归属、社会归属或者家庭归属都是片面表象，实质上都是文化归属。一个人一旦失去文化归属感，就会成为一个孤独的人。因此，一个爱好篮球的人，在接受篮球教育的过程中如果没有了对于篮球运动的归属，就会变得孤独。篮球运动的教育过程是篮球运动文化传承过程，更是篮球运动归属感塑造的过程。

2．"教育过程"教学思想反映了"文化传播"理念

重视教育是一个过程，由此似乎直接可以想到"终身体育"教育思想。"终身体育"是在20世纪60年代出现的一种体育思潮，并被国际社会和教育界所认同。随着在教学实践中的不断完善和丰富，进入21世纪后，"终身体育"逐渐发育成熟。面对全球化、信息化的知识经济新时代，"终身体育"勇于接受挑战，如今在教育界一再强调终身学习的重要性。世界各国纷纷采取各种方法和措施，以推动终身学习的发展，终身学习成为各国开发人力资源的重要途径和教育改革与发展的重要目标。在我国体育教育界，"终身体育"的口号也叫得非常响亮。学校体育是家庭体育与社会体育的桥梁，尤其高校教育是学生生长发育、个性形成的重要时期，也是终身体育的关键时期，但是只有口号叫得响亮，真正付诸实践的教育活动是什么呢？真正在"终身体育"教育思想下的教育理念又是什么呢？把"终身体育"的口号拿到篮球教学当中观察，篮球教师的教育理念有所转变吗？虽然一再强调终身体育思想，但是各层次教学脱节，过多强调学生在校期间的近期效益，有时候甚至只是关注篮球课过程时间段的效益，忽视了学生步入社会后参与篮球运动的功能与价值。即使篮球教师比较注意如何让学生终身得到发展，那准确地引导篮球运动教学的教学理念是什么呢？仅仅拥有育人的指导思路是不够的，还要探究真正可行性的教学观念去引导篮球运动教学方法，建设篮球课堂教学模式。

中国的篮球课程旨在培养学生具备良好的技术、战术、技巧、心态等综合素质，并且通过科学系统的训练，使其在知识、技术、道德等多个层次上获得全面系统的培养。因此，"文化传播"是一种能够贯穿整个篮球课堂，并且能够支撑长期有效运作的理念。它旨在帮助学生更好地适应当今世界，并且促进教育和科技的发展。"文化传播"理念包括：通过文字来传播知识，让学生更好地认识世界，更好地成长，更加自信，更加勇敢地面对挑战，更加有效地实践自己的价值观。《周易》中有"观乎人文，以化成天下"，《荀子》中有"状变而实无别而为异者，谓之化"，懂得某种意义，建立某种标准，就可以使人心变化，即所谓教化。"文化"为人们提供了一个独特的视角，来理解和塑造人生观和价值观。离开篮球文

化传播，篮球文化的存在就没有了意义，更谈不上给人带来教育了。因此，教师应从大课程内涵中汲取灵感来创造"文化传播"概念的高校篮球教学新理念。

（二）丰富多彩的显、隐课和"张扬自我"理念

1. 显性课程与隐性课程

大课程观念强调课程的复杂性，大课程既涵盖学术课程，也涵盖实践课程；既具备明确的目标，也具备潜移默化的过程；并且，它可以通过讲授、课外教学、模拟教学及其他各种教学手段来实现。课程属性的演变是曲折的，从"教材"课程到"学科"课程，由"经验"课程到"活动"课程。大课程观认为，学生获得的所谓的"经验"或者"学习结果"是不仅来自显性课程——丰富的课堂教学，它更来自隐性课程——丰富多彩的课余生活。通过教师的指导和引导，可以促进学生之间的互相帮助，增强他们的沟通能力，并为他们的成长提供更多的机会。

2. "张扬自我"理念

现代课程论将课程划分为课堂、课外、模拟三个部分，但也要意识到还必须更多地探索篮球课程教学。因此，必须突破篮球课堂的思维定式，扩大课堂的范围，使得课程能够更好地服务于全体师生。通过引入街头篮球作为篮球教育的重要组成部分，不仅能够激发学生的热情，还能为篮球教育增添更多的乐趣。此外，通过让学生积极参与，可以让他们更好地发挥个人潜能，培养他们的创造力。"张扬自我"理念旨在激发学生的主体能动性，让他们在有限的时间内发挥最大的潜力，并且能够通过"张扬自我"的课程教育理念来实现真正的自由，让他们在有限的时间内获得最大的成就感。

想要更好地激励学生的创造力，提升他们的创新意识，打造一支朝气蓬勃的、充满热情的、富有生命力的篮球队伍，就要打破传统的思维定式，把非功利主义的思考方式融入篮球课堂，以此来激励学生展现他们的独特风采，激励他们勇敢地挑战极限，追求卓越。显然，篮球教育应该强调让每一位参与者都能够充分表达自己的观点，将其视为一种体验，以便让其能够从中获得成就感，并且能够更好地与同伴建立良好的关系，激发

勇气和毅力，不断探索新的可能性，并不断进步。

（三）辩证统一的教育价值观和生命为本理念

1. 辩证整合的教育价值观

大课程观的核心内容之一，就是辩证融合教育价值理念，而这一理念就体现在融合课程形式上。过去课堂强调学校教育的社会价值高于人文价值，对成长中的学生来说，以往两种价值观"实质教育"和"形式教育" 各站一边。关于教育性本质发展价值观，有人指出：人类本质发展价值观教育中有一些人强调了知识性本质。二元独立的价值观是把教育的本体价值观和社会价值观分裂开来，需要一个融合新价值观的新型形式来实现。大型课程追寻的，就是融合各种社会价值和各个本质价值观的辩证教育价值观。

2. "辩证融合的思想教育过程"中蕴含了生命为本理念

罗杰斯说："人生的最高追求是'自由创造''自我实现'，教育目的应远远超越单纯的知识传授和智力的培养，它关注人的整体发展，尤其是人的'内心生活'，即人的情感、精神和价值观的发展，认为真正有效的教育是帮助学生发展积极的自我意识，促进学习和个人潜力的充分发挥，因而使他们成为'功能充分发挥'的人。"[1]所以说，要实现社会价值与本体价值的统一就是要学生"自我实现"，通过实现自我价值体现出教育的"社会价值"与"本体价值"。那么怎样才能"自我实现"呢？教育的任务是发现学生的潜能，对于同一技术动作，用同样的教学方法，对不同运动基础、不同气质类型的学生所产生的最终结果也是不同的。区别于专业体育训练，体育教学更注重通过运动来教育学生，技术的学习是为"生命"的发展服务的。用"生命为本"理念来指导教学，以实现学生的自我实现。篮球教师应该让学生明白运动对身体健康的重要性，只有这样才能让他们更加身心健康。人生是神圣的，每个人都有自己独特的人生。在篮球教学课堂中，教师和学生之间的对话也是一种人生与人生的交流。只有尊重生命，以生命为本，才能给学生提供合适的环境，培养其创新意识、创新能力。

---

[1] 罗杰斯. 罗杰斯著作精粹［M］. 刘毅，钟华，译. 北京：中国人民大学出版社，2006.

第三章　高校篮球教学多元化创新研究

第一节　高校篮球教学内容多元化创新研究

一、教学内容的内涵

《教育大辞典》载："教学内容是指学校传授给学生的知识、技能、技巧、思想、观点、信念、言语、行为、习惯的总和。"《教育学辞典》载："教学内容又叫课程。学校给学生传授的知识和技能，灌输的思想和观点，培养的行为和习惯的总和。我国把规定教学内容的文件称作教学计划、教学大纲和教科书，它们是教学内容的具体化。"这是比较有代表性的权威观点，反映了一段时期以来人们对教学内容的理性思考和认识看法。

教材与教学内容、教材内容与教学内容，实践中人们总是将它们等同。究其原因，主要是长期以来我国的课程实施过分强调"全国上下一盘棋"，教师无权更改教材，也不容许其进行自主发挥。这也是篮球教师教学必须遵循和依据的标准，是教师从事教学工作的"禁区"。也正是这个原因，教师成了"教书匠"。

在新的时代背景下，教师应该摒弃过去的陈腐观念，以创新的思维来审视教材，既不把它们视为神圣的，也不贬低它们，而是将它们作为一个"榜样"，以促进学生的学习和身心健康的协调发展。教师应该灵活运用教材，使它们能够为教师和学生提供更好的服务，并积极实现教材的创新和深度加工，从"教书匠"转变为"研究者"。

二、高校篮球课教学内容存在的问题

（一）内容已经过时，无法满足当下和社会的需求

一个重大的挑战来自现行的篮球课程，这些课程的设置显得过时，无法满足当下的实际情况，无法跟上时代的步伐，也无法满足大学生日益增长的个体发展需求以及创造力、实践能力的提升。随着现今社会的快速发展，篮球教育的实用性及对于学生各方面的能力都有了更大的提升。然而，由于缺乏对当下的及时响应、对未来的预测，许多现有的知识无法适应当今的社会环境和现实需求，从而影响了篮球运动的整体水平。篮球教材使用周期相对比较长，再版的更新间隔也很长，难以及时容纳和吸收新的科学知识和科技成果，因而教材的内容缺乏创造性的内涵，缺乏灵活的变革，与当下的发展趋势不匹配，缺乏与时俱进的内涵，无法满足当今的发展趋势。此外，由于篮球教材的编撰过程耗时耗力，就算再版了，很多最新的、时尚的、多元化的元素也没有写入教材。

（二）内容过繁，学生学习低效、无趣

在高校的篮球教学中，教材大、沉、厚，内容不仅过于繁杂，还有重复出现的论述、指导，再加上一些不必要的教学要求，让学生望而却步。简洁、高效应是教学内容编排和组织的主要要求之一，但过于繁杂和重复的教材内容和不合情理的要求，就必然造成学生学习时间和精力的浪费，而且容易使学生产生反感、厌恶之情，丧失学习兴趣。

篮球课教学内容应该精选那些对学生一生都有用的基础知识和基本技能，需要着眼于提供适合每个人的基础知识与技能，以便让每个人在未来能拥有充足的时间、精力，探索自己喜欢的领域，发展出独特的批判性思考、想象力及创造性的思考方法。

（三）内容不全面，功能单一

篮球课的教学不仅要强调对已有技能、战术、理论知识的传承，更要注重文化的传承与创新。想要让学生在实践中更好地理解和运用篮球技巧，并且在实际比赛中更好地发挥自己的潜力，就不能把教学活动局限于经验、认识活动。把书本知识当作唯一的教学内容，学生的学习效果就如

"机器人"一样，技能水平极高，但情感却极度缺乏，而且他们的实践能力和创新能力也相当有限。这正是篮球课教学内容的缺陷导致的结果。

随着时代的进步，人们对文化的需求日益呈现多元化特点，对于篮球课的教学来说，应更加重视教学内容的周全。教学内容周全的要义有二：一是篮球课教学内容的成分齐全，包括知、情、行三个层面；二是指篮球课教学内容涉及的范围必须广泛，门类应当齐全。所谓的门类齐全，就是指篮球课教学内容除了要传授技能、战术、理论知识之外，还要注重培养学生的情感意识、正确的价值观以及科学研究、团体协作等能力，尤其是自主创新能力。只有这样的篮球课教学内容，才能把整体功能最大化，促进学生的全面发展。

（四）缺乏有助于培养学生学习热情和积累经验的内容

《论语》中有言："知之者不如好之者，好之者不如乐之者。"这一观点强调了兴趣作为非智力因素在促进学习时的重要性。但是，由于中国的教育体系偏重于经典的教材，重视经典学科内容的选择，大量教学内容塞满了学科课程，而这些内容"与学生现实生活中需要的知识、技能和能够反映现代社会、经济、科学等领域问题的内容缺乏联系"[1]。篮球课的教材有一定的缺陷：一方面，偏重传授传统的科普知识；另一方面，忽视教学内容的适宜性和趣味性。这样的结果就是导致了学习效果的不佳。因此，有必要尽量将教学内容与学生生活和经验相联系，并且把适合现代社会发展需要、与学生生活有关以及学生感兴趣的教学内容充实到篮球课教学内容中来。这样可以帮助学生更加主动地探求科学知识，具备更多的实践和创新的素质，为终身学习奠定了良好的兴趣基础。

三、多元视域下高校篮球课教学内容创新研究

（一）篮球课教学内容的选择

在篮球课程中，文化知识材料的选择应该综合考虑多种因素，以确保

---

① 宋乃庆. 中国基础教育新课程的理念与创新［M］. 北京：中国人事出版社，2002.

教学内容的科学性，并且应该进行全面的系统分析，以便更好地满足学生的需求。选择篮球课教学内容的制约因素有以下几方面。

1. 教育理念的制约

不同的高校拥有不同的教育思路，旨在培养出符合社会需求和未来发展趋势的优秀人才。尤其是在篮球课程设置方面，确立科学合理的教育思路对于确保教师能够培养出满足社会需求的优秀人才至关重要。对于那些坚持专业化和全面发展思想的学校来说，期待着将篮球课程设置得尽可能全面，并且充分利用各种学科知识来提升学生的综合素养。而对于那些坚持多元化和全面发展思想的学校来说，更期待着将科学和艺术完美结合，让每一门课程都充满了艺术和音乐的魅力。综上所述，教育理念在教学内容的选择中扮演着重要角色。

2. 社会需要的制约

教育旨在培养具有社会责任感和全方面实践能力的人才。因此，社会发展的需求对于篮球课程的设置必然有着重要的影响。从这个角度思考，必须探讨社会需求如何影响篮球教学内容的设置。一般来说，可能会从科技进步、人类文明变迁、社会交往等方面产生什么样的影响入手。

首先是科学技术因素的影响。随着科技的飞速发展，工业生产的完全机械化和自动化已经不再是什么新鲜事情。信息化和网络化程度越来越高，而教育水平也在迅速发展。这些变化都对篮球课教学内容提出了更高的要求，以确保未来的体育事业能够跟上时代的步伐。为了让学生在科技飞速发展的时代保持竞争力，教师应该在教学内容中融入最新的科学知识和重视培养学习能力。

其次，社会交流也是影响篮球课教学内容的一个重要因素。随着科技的进步，人们之间的交流变得更加频繁，但同时也导致人际关系的减弱。为了满足社会发展的需求，篮球课的教学应该更加注重教师和学生之间的沟通和交流。不仅要提高信息交流的效率，还应该加强师生之间的情感互动。

3. 大学生心理的制约

在设计篮球课的教材时，必须充分考虑大学生的心理特征、个性差异，以及其对于知识的接受能力，以便更好地满足其身心素质发展的需求。随着年龄的增长，大学生的心理、思维能力正在逐步完善。篮球课的教学内容编排必须考虑学生的年龄、需求以及兴趣，还需要结合当下的社会现实，用丰富多彩的科技资源满足学生的求知欲，并且引入最前沿的创意与理念。为了帮助大学生更好地发展自己的思维，可以设置一些隐藏的课题，让它们在潜移默化中发挥积极的作用。教学内容必须关注学生的兴趣，避免让它变得枯燥乏味。体育大学生的心理发展是受年龄和环境制约的，不同年龄段的学生，其心理个性不一样，对于教学内容的要求也不尽相同，故教学内容的选择和适时调整要考虑大学生的心理状态和发展潜力。一些人即使处于陌生的环境，仍然可以表现得非常优秀，篮球课教学内容的选择就需考虑这样的因素。一些教育专家认为，如果忽略了学生的内在需求、心理状态，只关注他们应该接受的知识、应该培养的思维能力和行为习惯，那么教学内容的选择就毫无意义。这种看法非常有道理，因此教师要重视大学生的心理特点。

4. 篮球运动知识变化的制约

随着社会的发展，篮球课程的内容也在不断发生变化，教师要不断更新教学资料，淘汰过时的知识，以适应日益激烈的竞争。那么，教师该怎样才能更好地满足学生的需求呢？

首先，应该根据篮球运动的逻辑结构来安排课程内容，以便有效地实现教学目标。同时，应该考虑大学生的身心发展水平，并采取分步骤的方式来组织篮球理论知识，这样才能更好地控制课程的顺序。知识的增与减都要受这种逻辑因素的动态制约。

其次，要在逻辑系统内认清篮球运动知识的基本范畴，必不可少的知识必须选择。在篮球运动中，基本技术和理论是至关重要的。传、运、投等基本技术对于整个比赛来说都至关重要，它们的基础作用不容忽视。随着新技术的出现，这些技术也将得到更好的发展。因此，教材编写者应该高度重视篮球运动的基础知识。

最后，认清篮球运动知识体系的模块构成是挑选教学内容的基本要求。确定一门学科的框架，包括它的各个领域之间的联系，非常重要。通过对这个框架的理解，可以更好地组织和管理这门学科的知识。随着时代的发展，人们面临着如何将新的信息与已经存在的信息相结合的问题。为了解决这个问题，篮球专业人士与教师都应该联合起来，不断探索如何将新的信息与已经存在的信息相结合，并将其转换为更加完整的信息。通过研究篮球的各种组件，可以更好地筛选出适合的课程内容。

（二）篮球课教学内容的组织

篮球运动的知识虽然有其独特的逻辑结构，但是教材也应该结合多种因素，经过精心设计，形成一个完整的体系，以便学习者更好地了解和掌握。只有如此，才能使教材更加完善，更加有条理，更加符合学生的需求。本次讨论的重点在于如何有效地组织篮球课程的内容。

1. 篮球课教学内容的组织原则

篮球课教学内容要做到系统化、组织化，应该按教学内容的组织原则来编排。一般来说，有以下几大原则。

（1）知识条理性原则

篮球运动的发展是一个漫长的历史过程，既有早期的发展，也有晚期的发展。因此，在组织教学内容时，应该遵循一定的时间顺序，从最初的发明者开始，一步一步地探索篮球运动的发展历程，以便更好地掌握它的精髓。篮球知识的教学需要综合考虑时间、逻辑和系统性，以便学生更好地理解和掌握。

（2）知识基础性原则

在设计篮球课程时，应该始终遵循知识基础性的原则。这就像一座房子的地基，如果它不稳固，就无法形成完整的体育知识体系。因此，确立知识基础一定要由篮球专家来甄别，让他们清楚地阐述篮球的结构，负责筛选出适合的教材基础内容。在探究教学质量和效果时，必须确保教材内容所建立的共同理论和实践经验得到充分利用，将其转化为可操控的实践性资料。换句话说，就是要保证基础知识的基础作用能够充分发挥出来，否则教学内容无法组织起来。

（3）知识关联性原则

篮球课的教学内容可能存在着多个独特的元素，但它们都有密切的联系。因此，必须重视篮球关联知识的结合，使它们形成一个完整的体系。

首先，应该认真研究篮球关联知识的逻辑关系，从发展过程中可以发现它们与历史、技能和知识的紧密结合，从而使篮球关联知识体系更加完善。其次，重点放在如何将学生所学知识结合起来，这对于篮球课的成功至关重要。教师可以通过设计学习任务，结合教材内容引导学生去寻找答案并加深对所学知识的理解。这样，大学生就可以更好地运用所学的知识，并且不断拓宽自己的视野，更好地掌握所需的技巧。

（4）知识实用性原则

篮球课的教学内容应该具有实际意义，它不是空洞的理论，而是应该在实际的训练和教学中得到体现。因此，篮球课的教学内容应该既适合教师，又适合学生。例如，教材的编写应该符合主观意愿，主编者应该注重知识的系统化、基础性和关联性，以达到最佳的教学效果。篮球课的实用性体现在其内容的充实性、系统化和相关性上，能够有效地调动学生学习的积极性，增强他们的创造性，提升他们的综合素质，从而使教学更加有效率，受到师生的一致好评。

以上四条原则对于篮球课的教学来说至关重要，它们必须被认真思考，并且要按照一定的逻辑和次序来进行，以便使整个教学过程变得更加合理和高效。

2. 篮球运动教材的编写准则

（1）最优系统性准则

篮球是一项极具挑战性的运动，知识储备丰富，但学生的学习时间有限。因此，就需要为学生提供一个完整、系统、充实的知识体系。精心设计的教材要具备最佳的容量，以便让学生在学习过程中得到最好的体验。在这个系统中，可以抛弃一些不重要的知识，以展示出它的最佳特性。

（2）最普遍应用准则

在编写教材时必须特别注意选择的内容，符合最普遍应用准则，因为教材应该符合最普遍需求。例如，在篮球运动中，跑、跳、投、运、传等技巧对于现在和未来的篮球教学都至关重要，这些学生都要学。当然，有些内容并不适合编入教材，但教师仍然应该认真研究，以便为学生提供有价值的知识。

（3）最宜于传授准则

在设计篮球课的教学内容时，需要注意它的实用价值。这里"实用"不仅是对学生实践而言，更是对教师而言，即是否有利于向学生传授。如果发现某些内容不适宜，再好也要考虑重新挑选，必须更换。另外，保证教材的结构和思路也很重要，应符合大学生的认知水平以便让其理解和掌握。优质的教材应该能够满足学习者的需要，并且能够保证其理解和掌握。

（4）最适宜发展准则

篮球课教材内容的选编，不仅要注重让学生掌握基础知识和技能，还要注重培养他们的能力和有益于学生个性发展。

四、多元视域下高校篮球课教学内容创新的策略

为了让传统篮球课能够更好地适应当今社会的发展，必须对它进行改革，实现教学内容的创新。这就涉及如何创新篮球课的教学内容，也就是如何制定有效的策略。具体而言，可以从以下几个方面入手。

（一）树立教学创新观念，注重创新人才培养

当今时代，创造性思维已经深入人心，它已经成为时代精神的主旋律之一，也是推进国家进步的重要推手。教育是培养人的创造性思维、创新精神、创新意识的有效途径。随着信息的迅速发展和知识经济的兴起，拥有前沿技术、熟悉最前沿科学的专业人士，特别是那些充满创造精神、勇于挑战的篮球人才已被视作国家及民族在全球化体育竞争市场中的重要战略财富。教育不仅可以传授最前沿的科技，还可以激发出更多的创意，为培养具有创新精神的人才提供了有力的支持。因此，在高校篮球教学中，教师必须对教学的理念、形态、过程、技巧、考核、实施等做出全面的调整；需要不断推陈出新，让篮球课堂充满活力。篮球教师应该抓住这个机遇，不断提高思维水平，让教学内容、教学方式与当下的社会发展相适应。在篮球课堂上，教师应该认真负责，并且鼓励学生提出自身的想法，引导他们思考问题，勇于挑战传统的思维方式，让学生可以深刻地理解并记住这些知识，并将其融入日常锻炼中。

陶行知曾告诫教师说："在你的教鞭下有瓦特，你的冷眼里有牛顿，你的讥笑中有爱迪生。"这些警醒对于当今的篮球教师和教学者来说仍然具有重要的意义。受传统文化观念和教学观念的影响，一些篮球教师习惯于故步自封，只关注自己的成绩，而忽略了"好表现、爱出风头"的学生，但恰恰是那些"异想天开""好表现、爱出风头"的学生最有可能拥有创新思维、创造力以及发展潜力。高校篮球课教师应该拥有创新的教学理念，尊重学生的"奇思妙想"，保护他们的好奇心，并根据实际情况灵活引导他们，让他们在不知不觉中培养出创新的思维、意识、精神和能力。

（二）对篮球课教材内容进行创新

篮球课教材内容往往具有较强的科学性和权威性，但当今时代高速发展，科学知识的数量也与日俱增，因而篮球课的教材内容也必须更加丰富多彩，为满足高校大学生的需求，从编写、出版到最终的应用，都必须采取更加先进的技术手段、更加完善的管理机制，以确保篮球课的质量，提高人才的综合素质水平，提升国际竞争力。由于当前的社会及其他领域的进步，传统的篮球课程的内容已经不能满足实际需求，为了提高篮球的质量，必须进行有效的更新换代。具体而言，应该在两个方面进行更大的努力：首先，在教材的设计上进行更多的创新；其次，在教师的指导上进行更多的探索。高校教师必须深入理解和把握课程标准的核心理念，将其融入篮球教学当中。此外，还应该运用教师的创造性思维，根据每位学生的特性、水平以及要求，制订出独一无二的、富于魅力的教学内容与教学计划。

1. 对教材编写者的要求

教材编写者应该努力将教材内容创新发挥到极致，这种创新可以从以下几个方面体现出来。

（1）精心选择篮球课教学中的基础内容，让学生高效地学习

为了提升学生的技战术水平，以及为他们未来的职场发展打下坚实的基础，在篮球课程的教学内容中重点强调基础知识与技能，以便使他们能够更加全面地掌握。尽管目前关于基础知识和基本技能的界定仍然存在分歧，但笔者认为应该把它作为一个整体来考虑，选择那些公认的对于学生技战术学习和未来就业有所帮助的理论知识和技能。

（2）选择具有时代感的能够反映现代社会生活和科技发展的内容

为了让学生产生浓厚的兴趣，尽量避免使用过于老套的内容。相应地，应该添加一些与当下社会相关的、富含创意的、与现代化的知识相关的内容，如脑科学、人体工程学的最新进展。这样才能让学生在愉快的氛围中接受知识，增加他们对这门课的热情，还可以让学生更好地理解并熟悉当前的科技发展。

（3）精选一些典型的明星案例和学生便于体验、理解的内容

以往的篮球课教材缺乏创新性、实践性、趣味性。因此，新教材的编写应该着重引入一些具有时代感的运动员案例，以及更加贴近学生的日常生活，让学生能够更加深入地理解和掌握篮球技能。知识的获取源自日常生活，而学习之后又需要将其应用到实际情况中。通过将篮球运动员案例融入课程内容，可以使学生更好地理解和运用所学知识，并将其融入日常生活中，使他们真正体会到学以致用的重要性。通过教材，教师可以向学生展示一些尚未被解决的有趣问题，激发他们对探索和研究的热情和机会。

（4）选择更多实践性的内容

为了更好地培养学生的探究精神和创新能力，可以在篮球教材中加入更多的实践活动，如观察、讨论、调查、实验、探究等，而不是仅仅提供一些死板的结论。此外，教师还应该让学生在课堂上体验到一些过程性的知识，让他们在阅读、调查、讨论、实验、探究等方面都有所收获。

（5）选择有利于培养学生情感、态度、价值观的内容

过去的篮球课程往往忽略了情感、态度和价值观因素，为了全面提高学生的综合素质和更好地传授知识，教师需要重点研究、重视那些能够激发学生的情绪、思想和道德品质的内容，让其成为篮球教学的任务之一。

（6）配合教学选择多样化的教学设计

在篮球课上，教师需要采用各种各样的授课形式来让学生感到兴奋；教案也需要更加丰富，让其更具有趣味性。虽然教科书对于师生来说很重要，但教科书仅仅是基础，教师需要将其和其他相关的资料、知识点课外活动读物及社会教材等紧密联系起来，才能真正帮助学生提高篮球水平。

（7）教材内容的设计要为篮球教师的创造性教学预留一定的空间

过去篮球课程的教材通常会过于注重传统的灌输式教学，忽略了培育大学生的思维技能和精神。应该审视教材的目标和操作，更好地满足篮球教师的需求。尽管教材的设计可以达到极致，但最终还需要由具备丰富经验的优秀的篮球教师来执行。教师拥有独特的思维、情绪、观点以及价值观，他们将根据各种具体的情况来选择最合适的教学模式。为了让教师在教育中发挥最大的作用，应该在教材的编排中充分考虑他们的个人特质，给教师的创造性教学留存一定的空间。

2. 对篮球教师的要求

从篮球教师教学层面来看，篮球课教材内容创新主要是指篮球教师通过利用先进的教学方法将教材内容转化为篮球课教学内容的过程。具体有以下几种方式。

（1）重组、整合篮球课教材内容，使其符合变化着的教学实际

重组、整合篮球课教材内容将大大提高篮球教学质量，并且可以让大学生更好地理解并掌握这项运动的基本概念。通过采用新的编排模式，可以更好地帮助大学生习得篮球技能，同时也可以更好地帮助他们理解和掌握所涉及的技术。仅仅依靠简单的课堂讲述，是无法满足篮球课堂教学要求的，因而必须将所涉及的技术、技能等纳入篮球课实践教学中，以便让大学生更好地接受训练。为了达到预期的教学效果，篮球教师应该仔细审视教材内容，并结合学生的需求进行选择。一方面，应该避免过多的陈旧知识，并且应该添加与时俱进的信息；另一方面，应该灵活地运用现代科技，将课程的知识与教学环境相结合，使教学内容更加符合社会实际和学生实际。

（2）设置一定的情境，使篮球课教学内容背景化

为了让篮球课更加有趣，教师需要创造适当的环境来让它变得更有趣。例如，可以让学生模拟真实的场景练习，这样他们就能更好地掌握那些看似复杂的概念。一些人认为，学习篮球很困难。这主要是因为传统的教材只有一些概念和抽象结论。篮球教师可通过适当取舍，挑选一些有意义的、能够帮助学生更好理解的内容，并且让学生在一个充满挑战的环境

中进行思考。想让篮球课的内容更加有趣，就需要努力营造一种有利于学生发展的环境，让他们有机会去体验、思考、分享，从而达到良好的学习效果。

（3）将篮球课教学内容过程化

可以把篮球教学内容转换到一种更加有趣、有效的方式，让学生不仅可以掌握基础知识，还可以培养出良好的思维品质，从而更好地实现自身的发展目标。篮球教师需要把篮球教材的内容变得更加有条不紊，注重引导学生通过观察、调查、研究等逐步去探究问题的结果；同时，教师还需要鼓励学生进行实践性的活动，让他们更好地掌握技巧，培养他们的思维、价值观，从而使篮球训练更加有效。

（三）开发、利用篮球课程资源

我国学者吴刚平指出："从课程理论的角度讲，至少要经过三个筛子的过滤才能确定课程资源的开发价值。第一个筛子是教育哲学，即课程资源要有利于实现教育的理想和办学宗旨，反映社会的发展需要和进步方向。第二个筛子是学习理论，即课程资源要与学生学习的内容条件相一致，符合学生身心发展的特点，满足学生的兴趣爱好和发展需求。第三个筛子是教学理论，即课程资源要与教师教育教学修养的现实水平相适应。"[①]因此，从篮球课教学内容创新的角度讲，这三个"筛子"必不可少，经过它们过滤的要素才可作为必要的课程资源进入篮球课教学层面。事实上，开发和利用的课程资源能否在篮球课教学层面发挥作用才是衡量课程资源价值的关键。课程资源只有进入篮球课堂，在教学层面发挥作用，才能彰显其存在的价值和应有的意义。篮球课程资源开发和利用的途径主要有以下几个。

第一，要激励一线篮球教师的热情，尽可能多地开发和利用篮球教师课程资源。根据部分高校篮球教师的调查表明，课程资源缺乏已经成了篮球课资源开发中一个普遍存在的挑战，同时也给教师带来了巨大的压力。

---

① 钟启泉，崔永淳，张华. 为了中华民族的复兴　为了每位学生的发展：《基础教育课程改革纲要（试行）》解读［M］. 上海：华东师范大学出版社，2001.

原因是多方面的，但其中一个最重要的原因是教师缺乏课程意识，忽略了自己也是很重要的课程资源，忽视了自己对于这门课程的贡献。新课改对篮球教师提出了新的挑战和要求，即教师要具有课程开发的专业素养和能力。比如，教师对篮球课教材的"二次开发"，需要其具备更高的专业技术水平、更丰富的知识储备，以及更多的实践技巧。为了激励更多的一线篮球教师，应充分挖掘并有效运用他们的专业知识与技能，这显得尤为迫切。

第二，为了更好地开发篮球课程资源，需要进行全面的调研。首先，需要进行深入的社会调研，以了解当前社会对篮球人才的基本要求，并确定哪些课程资源可以被开发和利用。其次，需要进行广泛的调研。为了更好地开发和利用篮球课程资源，应该对校内、校外、教育机构、非教育机构等进行广泛的调查。这些调查应该清晰地了解学生的需求，并确定他们对哪些资源感兴趣，哪些资源能够为他们的学习和发展提供帮助。最后，应该制定具体的措施，以确保这些资源能够有效地融入篮球课教学中，为篮球教师的教学和学生的学习、发展服务。

第三，打造独特的校园篮球文化。这种校园篮球文化源自学校和班级的特殊环境，它反映了当地的传统习俗、价值观、心理素质、思维方式和行为模式。通过这种校园篮球文化，能够培养出更多优秀的篮球人才。校园篮球文化是一种独特的教育资源，不仅可以提高学生的技能，还能够激发他们的兴趣，培养他们的道德品质，在培养、陶冶和塑造学生的人格方面有着潜移默化的作用。

（四）开发、利用学生资源

怎样有效地开发和利用学生资源，将会直接决定着篮球课程的设计、课程的安排、课程的执行，甚至最终的课程效果。毋庸置疑，篮球课是为了学生的发展而设置的，然而，在当今的中国，作为篮球课程及课改受益者的学生却是严重"缺席"的，往往会被人们所忽略，甚至完全没有反映出其实际价值。对于篮球这门课程来说，教师必须给予学生足够的关注。因此，在开发和利用学生资源时，篮球教师应该不断更新自己的理念，尊重学生的个人差异，并且让他们享有平等的权利。他们应该把学生放在教学的核心位置，充分挖掘他们的潜能，并且根据情况合理地开发和利用，使学生成为篮球课程的有价值的教学资源。

（五）创设良好的多元教学情境

20世纪80年代末，建构主义思潮兴起，提倡以一种全新的视野去审视知识、学习以及教育。根据建构主义的理论，知识既可以被构想，也可以被实践；既可以被理解，也可以被改变。在建构主义者看来，学习是个体通过参与、活动、对话、协商、交流等方式建构意义的过程，而不是从世界中发现意义。因此，篮球教学主要致力于通过"学习共同体"和"学习者共同体"的形式，激发学生的主观能力，让他们主动思考，寻求解决方案，以构建自己的认知并理解世界，在不同的环境中发展自己的能力。总之，建构主义注重打造一个有利的多元化的教育氛围。篮球课的成功取决于教师、学生、教材以及环境氛围。相比之下，传统的篮球教育方法认为，教育过程中的知识传播应该遵循"忠实传递"的标准，教师的工作重点应该放在如何让其"复制"和"再现"于教材中，以便让每个学生都能够理解并掌握这些知识。随着建构主义、后现代主义以及全球化思想的不断渗透，当今的教育理念已经从传统的视角出发，强调学习者应当具备独立思考、创造性思考、实现自身潜能。多元教育理念强调，课堂上的学习需要充满变化，需要有所准备，需要有所反思。因此，篮球教师需要成为一位有效的指导者，以激励、引导、协调的方式，指导学生获取有用的信息，提高他们的自主思维和分析问题、解决问题的能力，并且要求他们去探索、挖掘、理解、实践。教师还要特别注重塑造适合篮球课的环境，通过营造一个轻松、融洽、充满激励、公平、富有感染力的环境氛围，学生可以勇于提出实际问题并反省。在篮球课堂上，教师强调教学内容的实时性与可操控性，鼓励学生之间相互学习，并在这个气氛下进行讨论，从而提高学习效果。这些教学方式不仅能够帮助教师提升教学水平，还能让学生感受到乐趣，并为他们的未来发展作出贡献。许多人认为，在某种程度上有些信息并没有经过任何形式的口头指导。但实际上，他们可以从其他渠道，如互动游戏中或其他形式的沟通来获知。这部分篮球课教学内容的教授和习得更加依赖良好的多元教学情境。

（六）通过多种途径提高教师素质

教师的素质和作用是篮球课教学内容创新的关键。随着新课程改革的推进，很多篮球教师的知识面得到极大扩充，授课方式更加多样化、灵活，教学作用更加突出。篮球教师既有责任去探索、挖掘、利用课程资源，又有义务去实现自己的潜力，他们的努力将会激励更多的人去追求自己的梦想。随着时代的发展，篮球教师的技术水平也在不断提升，需要具备良好的心理健康、丰富的知识储备以及出色的沟通技巧，才能够更好地适应当前的教学环境与要求，并且更好地完成自己的职责。为了使篮球教师的技术水平得以持续发展，高校需要采取一切可行的措施来加强对他们的培训。要达到课程改革者的预期目标尚有很长一段路要走，广大篮球教师任重道远。

第二节　高校篮球教学方法多元化创新研究

一、教学方法的内涵

所谓方法，是根据所研究的对象的运动规律从实践和理论上掌握现实的一种方式，是对研究和认识的途径或手段而言。日本学者佐藤正夫曾在《教学论原理》一书中对"方法"的本质做过归纳："方法是旨在实现目标的手段；方法是受客体的制约并适于客体的操作系列，即方法是受内容制约的；方法的基础是理论，方法受理论的指导；方法是规则的体系，具有指令性；方法具有结构，它是构成一个体系的有计划的一连串行为或操作。"①

我国著名教育理论家王策三将"教学方法"概括为：以教学原理和技术为基础，通过一系列有效的操作和交流来帮助学习者掌握知识，从而使他们能够更好地理解和掌握课程内容，并且能够更有效地完成课堂任务。

---

① 佐藤正夫. 教学论原理［M］. 钟启泉，译. 北京：人民教育出版社，1996.

因此可以说，篮球教学方法，即通过教师的精准引导、全体学生的团结一致、积极参与，以及有效的知识化对策性程序，来实现篮球专业技能的培养。其中，既有教师的讲授，也有学生的自我探索。换句话说，篮球教学方法的核心在于教师的授课和学生的学习，这两个环节需要密切联系，才能达到最佳的教学效果。

二、篮球课教学方法的特点

（一）多元性

篮球教学可以采取各种各样的方式，无论是什么样的内容，无论处于什么样的环境，都可以通过创新的教学策略和技巧，让学生获得更好的体验。虽然各种教学方法各具优势，但并非所有的方法都适用所有的教学情形。比如：讲授法虽然可以帮助教师更快地把握课堂的重点，让学生更好地理解和记忆，但它却不易于集中学生长时间的注意力，不利于培养学生独立思考的能力；问答法更加灵活，既能激发学生的课堂热情，又能让教师更好地回答问题，但不利于传授系统知识。显然，采用多样性强、灵活性高的篮球课程设置，将会为教师和学生带来更好的效果，从而实现最终的教育目标。

（二）双边性

篮球课教学方法的双边性，即教师的讲解与学生的参与相互交织，形成一种互补的关系。因此，在实施篮球课时，教师与学生应该充分发挥各自的优势，以达到最佳的效果，从而使得整个过程更加有效、高效。在篮球课中，教师的授课和学生的学习是密不可分的，它们彼此促进并相互作用。

（三）实践性

通过篮球课的实际操练，不仅能够帮助教师达到预期的教学效果，而且还能够让学生更好地理解和应用篮球运动的技术与技巧。篮球课教学方法的基本内涵、运作方式、具体步骤等，都是篮球教师在实践过程中可以人为掌控的。因此，篮球课教学方法的实践性优劣，更是对篮球教师教学水准的一种考验。

（四）整体性

所有的篮球教学方法都有其相互关联的特点，它们之间的协同效应可以让教学理论和实践的效果得到最佳的体现。所有的篮球教学方法构成了一个完备的体系，每一个教学方法就是体系中的一个重要因素，它们之间的协同效应可以让这个体系发挥更大的作用，让不同的教学都可以发挥其优势，并且彼此协同，共同努力，才能够实现最佳的教学效果。

（五）发展性

篮球教学在理论与实际应用中得到了持续的演化。这种演化的特点在于，其受到了时间的推移、科技的影响，并且涌现了许多创新教学方法。随着时代的发展，人们开始利用最前沿的科学技术来提高教学能力。这些技术包括电子媒体和计算机辅助的教育。此外，高校篮球教师也在努力将传统的篮球课程融入当今的教育中。比如，讲解方式与过去的静态串讲法有所区别，并且更加注重运动感和悬念。教师要善于运用不同的创新教学手段提高篮球课的质量，并且不断调整教学策略，不断进行改进。只有这样，篮球课才会取得更好的成绩。

三、篮球课教学方法的意义

中国古代著名学者朱熹在《孟子集注》中曾说："事必有法，然后可成，师舍则无以教，弟子舍则无以学。"因此，正确地运用各种教育理念、教育方法，对于提高篮球课的质量至关重要，也是达到预期目标的关键所在。

（一）师生实现有效教学的必要条件

在篮球教学中，如果不能找出正确的教学办法，那么教学就变成了盲人摸象。教学方法问题，是整个课堂教学过程中不可或缺的一部分。只有恰当运用不同的教学法，并不断改进教学方法，才能够有效实现教学目标，使学生能够更好地掌握篮球知识。在上篮球课时，教师的授课技巧是至关重要的，而学生的学习过程和评估标准都需要依赖于这些技巧。

（二）提高教学质量和教学效率的重要保证

采取正确的方法可以有效地减少学生的负担，节约教学时间，帮助学生在有限的时间内掌握更多的知识，并且能够取得更大的进步。如果采用不当的方法，就会对篮球课的教学产生负面影响，阻碍学生的发展，从而降低教学质量和效率。

（三）联系教师和学生的重要环节

教育是由许多因素共同决定的，其中包括课堂氛围、学习环境。因此，采取合理的教学方法，营造适当的课堂氛围与学习环境是非常重要的。如果课堂氛围与学习环境都是适宜的，那么这位篮球教师的表现将会被肯定，并且能够吸引许多学生。

（四）影响学生的身心发展

采取适当的教学方法，可以显著提升教学效果。传统的灌输式授课模式会削弱学生的主观学习欲望，阻碍他们进一步快速发展自主思考的可能性，阻碍他们培养正确的教学习惯，导致他们在教学过程中处于一个被动的状态。通过将多种不同的启示性教育手段融入篮球课堂中，可以有效地激励学生进行深入的研究，提高他们的创新意识，进而激励他们敢于提出独特的观点。

四、高校篮球课教学方法存在的问题

（一）对多媒体等信息技术教学手段使用匮乏

在《全国普通高等学校体育课程教学指导纲要》或者《普通高等学校体育教育本科专业各类主干课程教学指导纲要》中可以看到，大部分高校篮球教师并未充分利用多媒体、网络、视频、游戏等信息技术来辅助他们的授课。篮球课的教学方法应讲究多元化和个性化，更加关注如何运用这些先进的教育工具，以便让更多的学生受益，并且能够更好地提高他们的专业知识水平。为了调动大学生的主体积极性，培育他们的自主思维、探究精神，教师应该采取有效措施，加强对课堂的引导，鼓励他们发挥主观能动性，激励他们的创新精神，挖掘他们的潜在智慧，启发引导他们去自由想象，让他们在探索、发现、合理利用知识的同时发挥主体能力，从而达到更好的学习效果。通过引入多种媒介，如视频、音频等，为篮球训练提供更加生动的资料，从而更好地唤醒学生的学习热情。此外，多媒体等信息技术的运用也为篮球课的教学方式带来了全面的改变，既可以让教师更加轻松地授课，又可以让学生取得更好的成绩。

（二）篮球教师教学观念更新迟缓

现今，许多篮球教师都认识到全新的、有效的教学模式的重要性，并且认清当今社会对各种能力的需求日益增加，这就使得教育体系的变革变得更加紧迫。然而，尽管他们清楚地认识到这一变革的步伐正在加快，但有一些教师依旧采用传统的教育模式。近年来，由于技术和战术的进步，许多传统的篮球课程已经开始转向注重技战术的训练，但这种转变并未能满足当今时代的需求。因此，必须寻找适合当前背景的教学模式，并加强与技术和战术的结合，真正掌握篮球技术并运用于教学，才能够有效地帮助学生成长。随着时代的进步，越来越多的篮球教师开始认真思考如何实现技术、理论和个人特质之间的平衡，以及如何让他们的理论和技术得以有机结合，并且让他们的个人特质得以充分培养。如何将理论和技术有机结合，并将其转化为具有挑战的行为，成为决定篮球课程教学成败的关键因素。

（三）常规教学法使用频繁、教学方法单一

完整法与分解法、讲解与示范法、比赛法等常规教学方法，是教师在篮球课教学中常用的教学方法。但是，大多数学生普遍认为现行篮球教师所使用的教学方法不能满足教学需要。这都表明，篮球教师在篮球课教学中所运用的教学方法过于单一，常规教学方法使用过于频繁，导致学生渐渐失去学习篮球技战术的兴趣，难免会有部分学生产生厌学、不认真训练等消极情绪，久而久之不利于篮球课的教学效果。讲解示范等传统常规教学方法是老一辈篮球工作者经过无数次检验且行之有效的集体智慧的结晶，具有解决能力强、更具直观性、传递信息量大、可操控性稳、短时间内技战术提高效率高等一系列优点，是教师创造多元教学方法组合的基础。篮球课教学方法的多元组合，不仅可以让学生提高技战术水平，达到

全面发展的目的，更重要的是让学生把这些教学方法的多元组合运用到将来从事的教育工作中去。因此，教师要在传统教学方法的基础上，努力创造多元的教学方法组合，时刻牢记"教无定法，贵在得法"，使教学方法多元组合更好地服务于教学，服务于学生。

（四）篮球课教学方法创新的认知矛盾

篮球课教学方法的创新就是在先进教育思想的指导下，把专修课的教学目标、教学内容、教学环境、教学评价、教学对象等要素运用教学方法多元组合的形式加以整合，以达到最佳的效果。篮球教师对于教学方法的创新尚存在不同的认知矛盾，每一个教师对教学方法创新的重点、标准、创新方面都持有各自的观点。捷克教育家扬·夸美纽斯（Jan Komensky）曾经说过这样一句话，意思是希望能找出一种教师可以少教，但学生可以多学的教学方法。这种"少教"和"多学"就是对教学方法创新的精确描述，也是体育工作者孜孜以求的教学目标。现如今是知识爆炸的时代，篮球教师和学生都面临着前所未有的负担和压力，教学方法的创新更显得尤为迫切。因此，要求篮球教师把握好教学方法的科学化问题，掌握好教学活动的整体过程，把知、行、意、情等学生的体验融入教学方法多元组合创新的过程中去，才能使教学方法创新的功能最大化。

五、多元视域下篮球课教学方法的创新原则

篮球课教学方法的构成因素主要有三个。一是语言。语言是篮球教师和学生实现思想和情感交流的有效沟通媒介。篮球教师在辅导、上课、检查作业等教学活动中，向学生传授科学文化知识，培养技能的方式和手段，以及学生在听课、自习、作业等学习活动中接受这种知识、技能的方式和手段，都是通过语言来进行的。没有语言，教学则无法进行。因此，语言是构成篮球课教学方法的第一因素。二是实物（篮球架、篮球场地、篮球等器材设备）。篮球课教学离不开一定的器材设备。篮球课上的器材情况也制约着教师教学方法的实施。这是因为，器材设备的数量（如篮球）与教学中的密度有直接关系；器材设备的形状（篮球架）与教学中的强度、难易有直接关

系；器材设备的安排（篮球场地）与教学的组织方法有直接关系；等等。因此，器材设备构成了篮球课教学方法的第二因素。三是实践（身体活动或身体练习）。篮球课教学的最大特点是实践性较强。通过具体实践，教师可以把知识和技能传授给学生，学生可以掌握知识和技能，从而达到锻炼身体、增强体质的目的。因此，实践构成了篮球课教学方法的第三因素。实践证明，只有把语言、实物、实践三个因素有机地结合起来，才会发挥教学方法应有的效能。在综合分析构成教学方法诸因素的基础上，笔者认为，选择篮球课教学方法必须遵循以下几个原则。

（一）科学性原则

篮球课教学方法选择的科学性主要有以下四层含义。

1. 选择教学方法要符合教学规律

与其他教学相比，篮球课教学的突出特点是，教师通过各种身体练习进行教学，使学生在反复练习中，通过身体活动和思维活动的紧密结合来掌握篮球知识、技术和技能，从而收到提高技战术水准、增强体质的效果。这一特点决定篮球课教学必须遵循这样两条教学规律。

（1）动作形成规律

动作形成可以分为粗略地掌握动作、改进动作、巩固与运用技术动作三个阶段。粗略地掌握动作阶段是一个"泛化"过程，在这个阶段主要表现为运动中枢神经的抑制和兴奋不稳定，呈现扩散状态，条件反射的建立不稳定，表现为技术动作僵硬、不协调，肌肉缺乏控制能力。随着运动员技术动作的不断提高逐渐过渡到改进动作阶段，在这个阶段，运动中枢神经的抑制和兴奋呈现集中状态，技术动作由泛化逐渐进入分化阶段，表现为大量错误技术动作得到纠正，初步形成动作定型。在第三个巩固与运用技术动作阶段，运动员大脑皮质的运动中枢神经的抑制和兴奋更加精确、集中，运动员初步建立了技术动作的时间知觉和空间知觉，可以建立巩固的动作定型。具体表现为动作准确、熟练、省力、运用自如。动作形成三个阶段的划分是相对的，三者之间相互联系。由于学生水平不同，教师的教学经验不同，掌握阶段动作的时间不同，所以还存在动作技能之间互相影响和互相转移的问题。前一个动作对后一个动作的掌握有良好的促进影响，叫积极转移，反之称消极转移。在篮球课教学过程中，篮球教师必须充分注意这些现象。

（2）人体生理活动规律

人类的成长发育取决于多种因素，包括个人的基础、社会的因素、运动锻炼等。其中，篮球运动就属于运动锻炼因素之一。正确的锻炼对于促进身心健康的发展至关重要。通过合理的篮球锻炼，可以帮助人们保持清晰的记忆、灵活的反应，改善血液流通，增强心脏、肺部的活力，使骨骼、肌肉结实，从而增强人的耐久力、适应能力和防御能力。根据生理规律，如果没有足够的锻炼，机体将变得虚弱。正确的锻炼是非常重要的，进行适当的篮球运动训练可以促进生长发育，而运动过度则会损伤身体，所以篮球训练要具有科学性。

2. 选择篮球课教学方法要遵循教学客观原则

（1）自觉积极性原则

为了让学生更好地理解篮球课程，就需要让他们清楚地了解学习目标，并培养他们对这门课程的兴趣。此外，教师还需要根据教学目标和学生的实际情况，制定出合理的教学内容，选择适合的教学方法。

（2）全面发展原则

为了实现这一宗旨，教师需要认真审视不同的教科书的组成，并从中挑选出能够充分提升学生健康水平的训练；同时，要重视课程的丰富性，以促进学生综合能力的提升；另外，还要重视考试的多样化，以确保其有效实施。

（3）合理的运动负荷原则

为了让学生的体能保持最佳水平，教师必须合理地控制篮球运动的强度和运动量，以防止运动受伤，并提高教学质量。

（4）循序渐进原则

根据循序渐进原则，教师需要从基础知识开始，由浅入深，逐步提高；在开始上一节篮球课之前，教师需要认真制订一份完整的计划，将所涉及的技巧、策略等细节分解成一个个具体的项目，以便让所有的知识都能够得以贯穿，并且能够将其与系统的知识紧密联系起来。

（5）巩固提高原则

为了更好地贯彻这一原则，篮球教师应该充分考虑每位学生的独立能力，合理安排课堂活动，以便让他们能够更好地发挥自己的潜能，提升自身的竞争力。另外，还可以利用适当的比赛或其他活动来评估学生的实际能力，以便更好地帮助他们提升自身的竞争力。

3. 选择教学方法要依据教学目的

篮球课程旨在帮助学生实现三个重大目标：一是促进其身体、智力、情感、道德、文化素质的全面提升；二是传授篮球技巧与开展实践活动，让其能够熟练运用所掌握的理论；三是激励其拥有良好的创造力、合作能力，以及具备友善待人、乐于助人等品质。在篮球课上，教师不仅致力于促进学生个人成长，同时也致力于增强他们的道德观、价值观，并通过实践活动来锻炼他们的身体素质。学生如果能更好地理解并掌握篮球技巧，就能在日常训练中潜移默化地增强自己的竞争意识。按照篮球课程设计规划，教师应该确保每一节课都能达到预期的效果。为了实现这一目标，教师需要采用适宜和科学的教学策略。

4. 选择教学方法要符合教学内容的要求

篮球课教学应该从多层次、多元化、多角度来设计，以适应不同的、多方面的需要。因此，在篮球课中，应该精心挑选五人制篮球活动、三人制篮球活动、花式篮球等，它们不仅可以提升学生的运动技巧，还可以激励他们更好地运用自己的技术，提高体育运动技术水平，而且也可以利用篮球游戏、篮球活动等多种形式，让他们在运动中更好地锻炼自己，提升他们的身体素质。为了进一步提高学生的篮球运动技能，教师可以建议他们多参加一些课外训练，这样可以帮助他们加强基础的运动技能，提升运动水平，同样也可以提升他们的身体素质。在挑选训练课程的过程中，教师需要注意三点：其一，训练课程必须针对每一位学生的特点；其二，训练课程必须对学生的身心健康产生积极的影响；其三，训练课程必须对学生的未来产生积极的影响。

（二）从实际情况出发原则

篮球课的教学过程涉及两个主体：教师与学生。在教学方法选择和多元组合时，要充分考虑到教师和学生，并结合两者的特点来制订最适宜的教学计划。教育应该以学生的需求为导向，并结合他们的个体差异来提供适合他们的教育。体育教育应该更加注重培养学生的独立思考能力和创新精神，因此篮球教师需要根据每个学生的年龄和心理状态来制订适当的教学计划。例如，教师可以根据大一和大四学生的需求来制订适当的教学计划。教师需要充分考虑到每个人的个体差异，并根据实际情况来制定最适当的教学策略。布鲁纳认为，获取信息的过程可分为三步：第一步，通过肢体活动来感受物体；第二步，通过视觉感受来捕捉物体；第三步，通过文字表述来理解物体。让·皮亚杰（Jean Piaget）和布鲁纳的研究表明，学生的思维模型并非完全取决于某个人的年龄，而是取决于他的思考过程。尽管一些即将步入高校的体育专业的学子无法实现有效的实践性思考，但是从其中也反映出他们的智力尚未达到实践性的水平。因此，为了达到更好的教学效果，需要采取更加灵活多样的、多样化的教学方法，从而达到平衡。现代心理学研究表明，学生的知识和思维模型是影响他们学习的主导因素。因此，根据学生的知识背景和思维模型来决定课堂上的学习策略是非常必要的。比如，当学生的思维模型涉及一些和他们的学科无关的知识时，他们更喜欢通过讨论来理解和记忆。为了让学习成果达到最佳，教师必须把课堂教学与学生的能力和兴趣结合起来。这样，教师才能让课堂变得积极主动，让每一位学生都能得到充分的帮助。然而，教师也必须记住，教师的课堂教学仅仅是一种手段，教师也可以根据个人情况来调整课堂教学。在选择教学方式时，需要考虑教师的专业知识和技能。通常情况下，优秀的篮球教师会使用更有效的教学手段。一些篮球教师擅长利用形象的比喻来传授知识，他们会利用实物和模拟的工具来帮助自己更好地阐释概念；也有一些教师更倾向于采取口头传授的方式，用更加幽默、形象的语句来进行篮球技巧的讲解。除了注重课堂效果，篮球教师也应该充分利用有效的时间，结合实际情况，采取适宜的教学策略，确保能够按照规划的步骤顺利实现课程目标。

篮球教师需要根据自身的专业背景来决定如何使用适合自身的教学方式。同时，他们还需要根据学生的特点来制订合适的教学计划，并确保取得良好的教学效果。第一，教师需要通过充分的调查，了解学生的喜好、需求、技巧，并结合自身的日常经验来设计有效的教案。在开展课堂活动时，教师需要全面考虑每位学生的需求。第二，教师需根据每位学生的实际情况，制定出适合他们的课程内容。如果课程的目的、课程的内容、课程的设置、课程的进度等都没有达到预期的效果，那么就可以说明课程的设计存在问题。第三，为了让篮球教学更加成功，教师需要将普遍的标准与个性化的需求紧密联系起来。尽管大多数学生的年龄、健康状况、运动能力以及篮球技能都比较接近，但仍然会出现个例，如某些特定的学生，他们的能力可能会比其他学生更加出色，就必须在一般要求的基础上，注意个别对待，因材施教。

（三）直观性原则

直观性原则的理论基础是辩证唯物主义的认识论和心理学中的感知规律。通过辩证唯物主义的视角，以及运用心理学的规律，可以更加清晰地看待直观性的概念，从而把握其重要的意义。它不仅可以帮助教师更好地了解感官的作用，而且还可以帮助教师更好地实现逻辑推导。通过研究心理学的感官原理，教师可以更好地了解感官和认知之间的联系，并能够更好地运用这些原理来进行直接的体验。例如，篮球课教学的直观形式有实物直观、模像直观、语言直观等，它们在教学中可以彼此配合、共同完善。在课堂上，篮球教师需要引导学生仔细观看示范，仔细聆听技巧指导，并将他们的知识与个人的技巧、经历以及想象力融为一体。这样学生就能在头脑中建立直观生动的表象，有利于提高他们的运动技巧，同时也可以锻炼他们的模仿能力与实际操练能力。

贯彻这一原则必须注意以下几点。

第一，篮球教师必须清楚地知道如何利用直观来实现教师的教学目标。通过这种方式，教师可以让学生能够清晰地看到比赛中所发生的事情。但同时，教师也应该结合实际，灵活地选择适合自己的方法来进行教学。初次接触运动分析器的训练，首先要充分利用它的优势，通过使用各种示范、演示和其他实物来帮助学生建立良好的运动意识；而且，运动分析器的运动也会受到训练者的影响，因此，要想让运动分析器发挥最佳效果，最好是让它暂时休息。

第二，利用篮球教师的视觉和语言能力，让学生更加深入地理解和掌握知识。篮球教师的指导和演练，为学生提供了丰富的视觉和语言资料，使他们能够更加清晰地认识和理解运动。当学生开始接触一个新的技能或概念时，他们往往会首先受到教师的指导。但是，如果教师的指导存在缺陷，那么学生可能会对该技能产生不好的印象。对于大多数人而言，他们都很容易被外界的影响所左右。为了保证篮球的质量，教师需要对所有的知识点有深入的了解，并能够精细地演练出所有的技巧。

第三，应该根据学生的具体需求来使用直观的方法。当一些技巧和方法无法满足学生的需求，如一项体育课上的演练，如果太复杂，超出学生的承受力，他们很容易放弃。因此，教师应该尽量避免使用复杂的技巧和方法，以便让教师的课堂更有趣、更有效。如果没有满足学生的需求，使用的示范动作就无法充分体现出直观的效果。为了确保课堂效果，教师必须根据学生各个年龄层次和个体差异来选择最佳的方法，以便让课堂更加丰富多彩。

第四，在无法通过传统的讲解和示范方式来达到目的的情况下，篮球教师可以利用模仿的方式来帮助学生理解。这些方法包括使用各种形式的工具、手段，如建模、图片、表格、幻灯片、影片和录音。为了让课堂更加有趣，教师必须掌控好使用模拟技术的时机与地点。杜绝滥竽充数，以免影响课堂的整体氛围。教师的教学方法也必须适度，避免偏离"直观性"的原则，以免影响学习的进度。

第五，篮球教师的语言应该具有生动的表达能力。这种表达能力能够让学生更容易理解，并且能够激发学生的学习兴趣。

第六，篮球教师应该将直观性原则贯穿整个教学过程。在教授一个动作或进行示范时，应该让学生通过视觉和听觉来理解这个动作。然而，这些示范只能为学生提供一个概念，而不能真正帮助他们理解这个动作。只有当学生在实践中熟悉并运用所学知识时，教学才算完成。然而，从另一个角度来看，教学过程是一个持续的循环，每一节课都是整个篮球课程的重要组成部分，起到了承上启下的作用。因此，在篮球课的整个过程中，应该始终遵循直观性原则。

（四）统一要求与因材施教相结合原则

在中国，高校的体育教育专业通常会以班级为单位来教授篮球。班级教学遵循严格的标准。然而，这种方式也会受到学生的年龄、背景、专业知识和实践经验的限制，统一要求又不利于培养学生个性，发挥学生特长。这种背景要求下，教师需要在统一要求的基础上，根据学生的不同特点进行个性化的指导。

在执行这一原则时，篮球教师应该特别注意两点。

第一，要想真正实现以学生为本的理念，就必须充分理解他们的特点。虽然一般来说，篮球课堂上会集中讲授基础知识与技术，但要想真正让学生把它们运用到实践当中，就必须充分考虑学生的智力水平、专业知识、身心素养等各方面的差异，从而使学生更好地发挥他们的潜能。为了确保课堂上取得良好的教学效果，教师必须充分理解并把握各种年龄段、性别等差异，有的放矢地进行教学；教师还必须深入挖掘每位学生的特长和个性、多样化思维，以便让他们发挥自我潜能，实现最优化教学效果。否则，教学将无法取得预期的效果。根据不同学生的特殊性，以及他们的身体和精神承受能力，教师可以很好地协助学生调整自身的锻炼方式，以达到最佳的锻炼效果。除了准确掌握学生的身体和精神状态外，教师还可以根据学生的兴趣爱好、需求和其他心理特点，更进一步地指导他们的训练。每位学生都具备独特的心理特点，无论是哪种类型，篮球教师需要深入研究其内在需求，并根据学生不同阶段和不同情况，采取适当措施来提高他们的表现。

第二，"面向中间，兼顾两头"是一种重要的策略，旨在根据学生的身心特点，针对大多数学生进行教育，同时也要关注少数学生的个体差异，帮助他们更好地掌握基本技能，发挥自己的特长，从而培养出一批具备特定技能（如裁判）的专业人才。为了让大多数学生能够更好地掌握篮球技能，篮球教师应该给予他们清晰的指导，并结合他们的接受能力，制订出一套有效的教学计划，以满足他们的需求，包括负荷量、强度和技能标准等。为了帮助具有特殊才能的学生，教师应该在确保完成日常教学任务的同时，适当地提高"营养"的难度，以帮助这部分学生"吃得饱"。对于那些基础较差的学生，教师应该在满足一般要求的基础上，适当降低"够得着"的难度，以帮助他们改善落后的状况。

篮球教师应该激励学生，而不是冷漠或歧视他们。应该根据学生的不同情况，给予他们适当的指导，使他们能够更好地掌握所学的知识。总之，篮球教师应该根据学生的不同情况，给予他们适当的指导，使他们能够更好地掌握所学的内容。

（五）多元性原则

1. 对多元性原则的理解

篮球课教学方法的多样性取决于其动态性、复杂性和多样性，这些特点使得它们在实际应用中具有多种可能性。多元性原则可以概括为以下几点。

一是篮球课教学方法的使用和选择不是固定不变的。篮球课的教学方式可以多种多样，但它们之间的关系却非常复杂。没有一种方式可以单独适应所有情况，因此教师需要综合运用多种方式来提高自身的教学水平。同时，教师还需要根据当前的情况来调整教学策略，以便更好地适应日益复杂的环境。为了提高课堂效率，教师需要采取创新的教学方法，避免一成不变地沿袭传统的教学方法，并且要根据课堂情况来选择最合适的教学手段。这样，教师才能真正掌握课堂的精髓。

二是任何一种教学方法都应该被尊重和发扬。传统的篮球课教学方法虽然有其合理性和优势，但也需要教师不断改进和创新，以适应时代的发展。篮球教师应该运用辩证唯物主义的思想，从中汲取精华，并将其融入自己的教学中，从而使篮球课的教学方法更加完善和丰富。

三是篮球课教学方法具有鲜明的时代特征。篮球课的教学方法在不断演变，受到历史、文化、社会背景等多种因素的影响，呈现多样性。随着科技的进步，未来的教学模式将更能满足学生的需求，更好地培养学生的创新能力。

2. 实施多元性原则必须注意的事项

第一，既要掌握教学方法的共同规律，又要从实际出发，创造性地选择和运用教学方法。教学方法之所以具有多元性，这主要是因为教学方法受多种教学活动的制约。它不但受教学目的、教学任务、教学思想的制约，而且受教学环境、教学内容、教学对象、教学评价等因素的制约。不同因素的有机组合，就使得教学方法的多元性成为必然，篮球课教学中存在多种教学方法，这些方法在选择和运用上既有共性又有特性，是共性和特性的辩证统一体，这就要求篮球教师在根据不同教学目标选择和运用教学方法时，既要考虑教学的共性规律，又要掌控实际教学中的特殊情况和要求，有的放矢地创建多元性教学方法，为师生的教学相长提供帮助。

第二，应该充分考虑到多种教育手段的优势，以及它们可能带来的负面影响。一种单一的教育手段可以满足一定的目标，但是无论采取哪种手段，都无法满足课堂上的全部要求。由于每一种教育手段都具备其独特的优点与不足，所以在篮球课前，教师应当充分考虑到这些不同的教育手段，对它们进行适当的优化组合，以达到最佳的综合效果。

（六）系统性原则

篮球课教学是有目的、有计划、有组织并具有可控性的特殊过程，这个过程是一个由教师、学生、教材三个基本要素组成的多因素复杂的系统。根据系统论的理念，教学方法的构成要素可以划分为两大部分，即实体要素和非实体要素。其中，实体要素主要包含教师、学生、篮球教材、环境场地、设备设施等；非实体要素包含教学思想、师生的态度与能力等。两大要素通过有效的协同作用，形成完善的、稳健的、可持续的、有机的、综合性的、复杂的、多变的教育系统活动；既包含了每个元素的独立行为，又包含了相互联系的元素，教育由此形成了一个完整的、有机的、协调的、多元的、互相促进的过程。

系统论认为，教学方法具有四个特性。

一是整体性。篮球教师应该以系统论的视角，全面考虑并实施教学方法，以确保课堂教学的有效性和高质量。

二是协同性。通过有效的教学方法，教师能够将各个要素紧密结合起来，促进师生、生生之间的沟通与交流。

三是可控性。通过对课堂内容的掌握，教师和学生都需要掌握相应的技巧。因此，要想让课堂变得更加高效，需要教师和学生共同努力，通过恰当的沟通来协同完成课堂的目标。

四是交叉性。教学方法与教学原则、教学模式具有多样的相互关系，它们之间的关系既包括内部的规律，也包括外部的影响，因此要想让一种新的教育理念得到充分实施，就必须将它们融为一体。

（七）教学理论指导下的试验先行原则

教学方法具有很强的实践性。因此，教师应该遵循试验先行原则，即从少量的案例中发现最适合的教育策略，并将其应用到更多的场景中。只有通过反复的测评，教师的教育策略才会得到普遍认可。通过对教学理论的深入探索，教师可以更好地掌握有效的教学方式。作为一名篮球课教师，应该积极探索并结合当前的社会发展趋势以及自身的专业知识，来制定出更加有效的、符合时代特点的教学策略，以提高教学质量。

贯彻这一原则要求篮球教师必须做到：第一，应该紧密结合实际教学，系统地学习和研究教育理论，并将其科学地应用于教学中；第二，教学方法应该通过成功的实验来证明，而不是凭空想象；第三，教学实验应该在理论指导下进行，避免盲目。

六、多元视域下高校篮球课教学方法创新的策略

在篮球课堂上，选择正确的教学方法对于提升整节课的质量和效果非常重要。如果方法使用不当，可能会影响学生的学习体验，甚至影响他们的学业。因此，在推动篮球教育革新时，教师应该认真审视具体情况，寻找有效的解决办法。

（一）篮球课教学方法多元化策略

在篮球课堂上，由于技术和战术的复杂性，教师应该采用多种多样的教学方法，而不是一成不变地坚持一种或两种教学方法。只有这样，才能够更好地帮助学生掌握篮球技巧，提高他们的竞技水平。

从另一个角度来看，由于篮球比赛的技巧与策略的复杂性，教师需要在使用各种教学方法的同时保持灵活。单独使用某种教学方法可能无法达到预期的目标，而将其与其他领域相融合才能真正发挥出最大的作用。为

了更好地满足不同高校的需求，教师需要灵活适应不同的教育环境。通过这些改变，教师可以更好地指导学生，并帮助他们更好地理解并掌握复杂的技巧。这样，教师才能更好地提升篮球课的质量。为了达到良好的教育效果，篮球教师应该使用多种教学手段，将它们融入日常的课堂活动中，以便更好地发挥它们的作用，同时也能够通过反复的测试来证明其有效性。

然而，由于篮球课的教学方式存在明显的局限性，为了更好地实现篮球专业的培训，必须将各种教学活动与教学手段结合起来，以达到更好的成效。由于单一的教学活动方法无法有效地帮助学生掌握和提高他们的技能，所以教师需要采取更加全面和系统的措施来提升篮球课堂效果。只有全面、系统地使用各种教学活动方法，才能真正取得预期的成效。尽管两个概念本质上来自同一个概念，但为了让篮球课的教学形式更加丰富，教师需要采取更加多样的教学方法。只有这样，教师的教学活动才会更加有效，更加符合教师的需求。篮球训练的方式千变万化，它们各有其独到之处，但也存在一些局限性。为了让这些技巧得到充分应用，教师需要结合当前的环境，灵活运用它们的优势，而非盲目地照抄。为了提高篮球课的有效性，教师需要深入研究各种不同的教学模式，并归纳出它们的共同特点。

根据篮球课教学方法的特点，教师可以将它们划分为两类：第一类是静态式，它们不受外界因素影响，只考虑自身的特点，如适用范围和使用条件等；第二类是动态式，它们根据外部因素，结合内部因素，采取多种措施，以提高篮球课教学效果。篮球课教学方法可以分为两种：一种是基于其本质的多样化，另一种是基于其内在的规律和原则的动态变化。这两种方法都能够有效地提高学生的学习效果。

（二）篮球课教学方法最优化策略

按照篮球教师恰当选择教学方法和合理运用这些方法，可以将教学过程分为两个阶段，而这两个阶段之间的有效联系则需要一个复杂的过渡环节，而篮球课的教学方法的选择正是在这个过渡环节中完成的。

对于教师来说，在实际的篮球课教学方法选择过程中，要将教学方法优选标准的系统性和操作性视为同等重要。如果能够做到这一点，教师就能够更好地指导学生，并且能够更好地进行实践。如果想让现代篮球课程取得成功，就必须让它既具备实际的操作性，又具备完善的系统化。根据巴班斯基的教学过程最优化理论里的教学方法优选标准和篮球课教学系统的要素说，篮球教师需要深入理解评估标准，并且综合考量各个因素，包括教学目标、内容、方式、环境、教师的专业水平、学习者的个人需求，使评估更具可行性，并且最大限度地提高评估的成功率。为了达成最佳的教学结果，教师必须仔细考虑并确定适合篮球专业的授课模式。通过综合考虑各种条件，教师可以确定一种适合的授课模式，从而提高教师的授课质量。

（三）篮球课教学方法现代化策略

近年来，随着科学技术的不断进步和信息技术的迅猛发展，许多新兴的教育工具，如高清摄影、语音实验室、电脑软件、智能手机App等，已经成功地应用到篮球课堂上。特别是信息技术的专业化、智能化、系统化，使得篮球专业的培训更加便捷，同时也推动了多媒体教室的普及，使得人们可以更轻松地掌握知识，并且可以更好地利用各种资源，从而更好地帮助学生成长。通过引入现代科技，教师可以创造出一种全新的、具备挑战性的教学模式，让学生拥有新的体验，获得全新的视角，从而增加他们对于篮球的兴趣，激发他们的潜能，培养他们的运动精神。通过利用玛雅软件、多媒体计算机展示技术，教师能够创造出一个具有丰富内容的、充满活力的学习氛围，让学生能够更好地理解真实世界的语言、动态、情感，并且能够通过有趣的游戏、视频、音频、动态应用来帮助学生更好地掌握知识。通过利用最新的计算机科技，教师可以大大提高篮球课的效率和质量。这样，学生就可以更加自信地参与学习活动，并且更有可能提高他们解决问题的能力。

通过对篮球专业的研究，教师采用先进的教学方法，既能够为学生带来更多的体验，又能够极大地提升教师的授课质量，同时还为学生创造更多的实战经验，从而唤醒他们对于运用所掌握的运动技巧的热情。随着现代科技的飞速进步，篮球课的教学也必须跟上时代的步伐，以便更好地利用现代的科学知识来指导和培养学生的运动能力。

（四）篮球课教学方法个体化策略

个体化教学旨在针对每个学生的特点，为其量身定制课程，以满足学生的个体需求。这种方法旨在帮助学生发掘自己的运动潜能，并培养他们的自我训练和自我管理能力。众所周知，每位学生都有自己独特的篮球爱好，因此在教授篮球基础知识、技巧和技能时，应该充分考虑到学生的个人特点，并采取适当的措施来帮助他们更好地发挥自己的潜能。教学方法的多样性导致学生对篮球知识、技能的掌握情况各不相同。为了提高教学效果，教师需要充分理解并采取措施适应这种差异。只有这样，教师才能让篮球课教学取得更好的成绩。随着社会的进步，体育教学改革的推进，高校篮球课的教学方法也必须具有时代感和个性化，"教有教法，教无定法"正是一个很好的例子。

篮球课的教学方法经过了个性化的改进，这种改进主要表现在两个方面。

一方面，篮球课教学应该重视学生的个人活动，采用协同学习、合作学习、掌握学习和暗示学习等方法，以促进学生的参与，提高学习效果。虽然传统的教学方法并未强调学生的个性化发展，但它们仍然能够有效地培养学生的团队合作能力，从而使他们能够更好地完成任务。特别是在篮球课中，学生可以通过团队合作来实现自身的发展，而分工协作则是一种从个体到团队的过程，从而使他们能够更好地实现自身的潜能。通过采用个性化的教学方法，"一刀切"的单一模式得到了有效改善，学生可以更多地参与到篮球课程中，从而摆脱了被动接受知识和技能的局面，并且成为学习的主导者和探索者。

另一方面，由于现代科学技术的发展，篮球教育也受到史无前例的重视。为此，篮球教师要充分运用现代的多媒体教学技术，提升师生的互动性，让学生更容易投入篮球课程中。而且，现代的信息传播工具也为学生提供了更好的沟通渠道，让学生更容易与教师建立联系，从而更好地掌握知识，激发他们的潜力，并且更好地适应当今社会的快节奏、复杂的环境，从而更好地完成学习任务。通过利用现代技术改进教学方法，教师正在努力使篮球教育更加个性化。

（五）篮球课教学方法自主化发展策略

随着科技的飞速进步，信息的传播和使用已经成为一种必须，教师需要持续地掌握和保持最新的知识。而且，教师面临的信息量比以往任何时候都大得多。因此，在教育界，教师面临的挑战比以往任何时候都大。联合国教科文组织国际教育发展委员会出版的《学会生存——教育世界的今天和明天》一书提出，技术训练是必然的，既需要合理运用语言，又要科学运用实验法、游戏法、多媒体辅助教学方法、比赛法、合作学习法等学习方法去具体诠释。通过将语言和方法有机地融入课堂，改革传统的教学理念，将更多精力投入培养学生独立思考、探究和实践，使他们真正认清课堂教育的本质，从而获得更好的自学能力，并使他们拥有更好的社交和发展环境。现代社会的竞争日益激烈，为了满足当今社会的竞争需求，篮球教育者必须以学生的全面发展为目标，认识到自主学习的重大价值，并努力帮助他们建立起自主的思维模式、自主的训练方式和自主的应变技巧。通过运用适宜的教学策略，篮球教师可以帮助学生发展自主学习的技巧和能力。自主学习的重点应该放在培养学生的综合素质上，包括掌握自主学习技巧、独立思考的方法以及合理的学习方法。为此，教师应该根据学生的特点，采取针对性的措施，让学生掌握一定的学习方法和学习技巧，并且根据自己的实际情况，选择最合适的方法来学习。只有如此，学生才会养成自主学习的习惯。

（六）篮球课教学方法合作化发展策略

随着社会的进步，篮球课的教学方法也在不断演变，从传统的单一的教学模式转变为更加注重多元化的合作学习模式，以期达到一种动态的生态平衡。通过将各种教学方法的优势融入篮球课程中，不仅可以提高学生的技术水平、增加学生的理论知识，还可以培养他们的互助精神、团结协作的精神，以及良好的道德品质。现代社会要求学生不仅拥有出色的技术和战术，更重要的是拥有合作精神和善良的心态。

通过合作学习法，学生可以更好地理解和学习，这种学习模式旨在提高学生的学习效率，并且让他们更加重视团队合作。这种学习模式的出现，使得学习更加轻松、高效，并且能够帮助学生更好地适应日益复杂的社会环境，从而获得更大的成功。篮球教师在开设篮球课程时，要加强培养学生的团队协作精神，从而更好地满足当今社会对于优秀的篮球运动员的要求，促进学生团体合作、团队精神的健康成长，实现个人的全面进步。

第三节　高校篮球教学评价多元化创新研究

一、教学评价的内涵

《辞海》认为，评价是"泛指衡量人物或事物的价值"。评价一个客观存在的东西，就是关于一定客体对一定主体有无价值、有什么价值、有多大价值的判断，即它的有效性、合理性、有效期等。价值判断是评价的核心和关键，不仅仅涉及客观存在，更涉及客观的合理期望。价值判断要基于一系列的规范性原则与标准，而具体的标准则应当根据个体的特点由评价主体来决定。

篮球教学评价是一种重要的评估过程，它旨在通过科学的方法和技术来评估篮球课程的效果，并通过客观的评估来确定教学活动的价值。这种评估有助于促进教师的专业发展，并为教学管理和决策提供指导。

二、高校篮球教学评价存在的问题

（一）重视技能性目标的达成，忽视学生多元化整体能力的提高

在高校体育教育专业篮球课教学评价方面的调查显示，教师应该将教学目标的完成情况视为衡量教学工作的关键指标。但事实上，教师通常只关心学生的基本技术，忽略了培养他们的综合素养。这样，教师可以更好地帮助学生发展他们的个人潜能，并且更好地帮助他们应对挑战。为了让专业的学生拥有完善的综合能力，除了要求他们熟练地掌握篮球技术外，也应该重视培养他们的思维、情绪、理解和价值观。但是，如果篮球教师只侧重于训练，那么这些都将成为影响学生综合素质的因素。这样的教育方法可以让篮球课更加有趣，让每位参与者都有参与的权利，让每位参与

者都可以在有趣的氛围中获得成长，从而让每位参与者都可以在有趣的环境中发挥自己的潜力。

（二）过分重视对教师的评价，忽视对学生活动的评价

当前的篮球课堂教学评估标准主要侧重于教师的表现，其主要考量的因素包括：教学目标、内容、方式和效果。虽然这些因素都源自专业人士的实践，并且在实施上相当实用，但它们往往会导致在进行篮球课堂教学评估的过程中，忽略了学生的实际表现能力。随着社会对体育运动的日益重视，许多体育教师也开始重新审视自己的工作方式。他们不仅要满足社会对体育运动员的期望，还要致力于培养他们的综合素质，让他们的体育运动成果得以充分体现。然而由于缺乏有效的课程设置以及对学生能力的培养不足，当前高校篮球课程无法满足当今社会对大学生的多样化培养要求。

（三）评价主体以同行为主，忽视了专家和学生等多元评价

目前，高校体育教育专业的篮球课教学评价采用了一种新的方法，即通过同行间的互相评价来衡量教学质量。这种方法不再局限于传统的教师个人总结和群众评议的程序，而是更加灵活和全面。目前，篮球教学评价更多地关注于考查教师的人际交往能力和为人处世的技巧，而非教学整体效果。然而，这种评价方式存在较大的主观随意性。此外，它忽略了专家和学生的评价，因为学生是篮球课的主导者，专家也是评估的重要参与者。因此，评估的主体应该是多方面的，包括专家、学生、家长、教师、社会等，以建立一个长期有效的评估保障机制。

（四）重视对人的评价，忽视对课的评价

评估篮球课的价值应该是一个多维度的过程，它基于一些基本的原则来评估教学的效果。这些原则包括情感、态度、技能、认知等方面的因素，并通过科学的、多样的方法来评估教学的效果。通过这种方式，教师可以客观地衡量和评估篮球课的价值。研究表明，当前的篮球课程评价已经过度注重评估教师的工作表现，而忽略了真正的评估对象——篮球课程的课堂教学。因此，教师、外部多方面的评估者和学生三者共同构成了篮球课程的评估对象的价值需求。学生是篮球课的核心，因此教师必须认识到，教学的目的应该是培养学生的能力，而不是仅仅依靠教师或学校领

导。教师应该将教学评价作为一种工具，来帮助教师更好地理解学生的需求，并促进他们的全面发展。

三、多元视域下高校篮球教学评价的创新策略

在篮球课教学中，评价的创新是至关重要的，它可以帮助教师更好地了解学生的学习情况，并且能够更有效地激励学生去学习。因此，教师应该改变评价方法、标准和主体，以便更好地激励学生，并且让他们能够更好地发挥自己的潜能。这样，教师就能够更好地促进篮球课教学的质量提升，让师生能够共同全面发展。为了实现这一转变，教师必须采取适当的创新策略。

（一）发展性评价策略

在篮球课的评估中，教师应该重点关注以人为本的发展性价值观，特别是关注"整体的人"中的师生之间的互动。要让教师在日常生活和工作之间找到平衡，并通过这种方式来建立自己的知识体系。

1. 树立教师发展理念

篮球课程旨在培养学生对运动技能的热情、激情。篮球教师除了掌握基础知识外，更应该注重培养学生的运动技能、热情、激情等方面。此外，应该建立一个让学生能够在运动中得到充分肯定，获得成长、进步，得到更多机会以体验成功的滋味。通过对篮球教师进行全面而系统的培训，不断地推动他们的职业技术水平、职业道德素养，从而促进他们的职业生涯发展，这才是推动篮球专修课教学改革取得突破性进步的关键所在。通过改革，教师可以更加全面地评估篮球课程，而不仅仅是通过奖励、挑战、考核来衡量。还应该重点考虑每位教师当前的工作情况，并且给予他们更多的支持，帮助他们更好地完成自己的任务。这样，教师才能更好地促进学生在篮球方面取得更大的进步。为了提升自己的专业水平，教师应该努力推动职业成长，以期能够为学校的未来发展作出贡献。同时，教师也应该让他们的职业成长和高校的发展保持一致，以便能够在工作中得到支持和鼓舞。收集充分的教学反馈信息，激发教师的内在动力，

是提高篮球课教学质量的关键。因此，应该鼓励教师积极参与篮球课的评估，以获得有价值的信息。

2. 以学论教，并将学生的成长作为评估的核心

在篮球课的评估中，学生的反馈至关重要，他们的表达能够反映出学习的真实情况，所以，教师必须将学生的反馈融入整堂篮球课的评估当中。通过将学生视为一种具备潜力的、具备独特性格的实际存在，教师可以更好地激励他们去探索和实践。无论是对学生的表现，还是对他们潜力的肯定，教师都必须坚持以学生的全面发展为核心原则，并且充分考虑他们的个性差异，对他们的表现、实践技巧和认知水平等方面给予综合考量。通过将学生的反馈纳入篮球课的评估体系中，教师可以让学生从仅仅接收到的评估转向更加积极的反馈，让学生从被动的接收者转向更加积极的参与者。

3. 重视发展性评价的正面导向作用

篮球课的教学评价可以说是一种重要的指导方式，它能够深刻地影响学生的学习行为。因此，教师应该以发展观为基础，以真实的、具有情感和个性的学生为评价对象，以此来激励他们全面发展。教师应采用因材施教的方法，以满足每个学生的个性需求。教师要评估每个学生的成长过程，鼓励他们不断努力和进步，以实现更高的目标。教师还要充分利用评估的积极反馈功能，选择有利于篮球课积极发展的策略。

（二）自我接受评价策略

篮球课创新评价的一个重点之处就是要充分重视学生在教学评价中的重要作用。自我接受的评价实际上是一种被评价者主动建构价值的过程，也就是评价的结果要对自我产生价值，这种价值必须是自我选择的结果。在篮球课中，自我接受评价策略可分为学生和教师自我评价两类。自我接受评价策略有以下两个特征。

1. 互动性评价

为了更好地评估自己，教师应该积极参与，并且不断反思外部的评估。通过互动，教师可以将评估结果联系起来，从而更好地确定篮球课的评估标准、内容、目标以及如何执行和处理评估结果。

2. 个性化评价

通过个性化评估，教师能够帮助学生改进他们的学习方式，并促使教师反思他们的教学方法。教师会根据每个人的特点，进行个性化的评估，并提供个性化的反馈和支持。每个人都有不同的特点，因此只有通过个性化的篮球课教学评估，才能让评估者主动接受。

（三）标准生成化策略

鉴于篮球课的评估对象的复杂性以及其背后的价值观的不断变化，确定合理的评估标准已成为篮球课教育改革的关键，其可以引领教育改革的方向，为提升篮球课的质量提供了可靠的参照。因此，在制定相关的评估标准的过程中，应当特别注意这些指标的引领意义。采用基于客观事物的评估方法，可以帮助教师更清楚地了解哪些篮球课程更具有吸引力，哪些更具创造性，哪些更适合教师的需求。这种方法正在逐渐引起教育界的重视，并且在不断地改进和完善。

1. 结合多种学习理论，建立一个全面的评估指标体系

根据行为主义的思想，篮球课的评估标准可以分为两类：一类是基于实践的，即以实际行动为基础；另一类则基于主动性，即以实践结果为基础。这两类标准都可以用于衡量一门课程的有效性，以及它能否有助于学生更进一步地理解科学知识，并实现自身的发展。奥苏贝尔（D.P.Ausubel）指出，课程的终极目的是促使学生完成有价值的学业，但由于它忽略了学生的思想、情感以及其他相关的专业知识，所以受到了广泛的批评。相比之下，认知主义更关注科学知识的处理，并且更注重先前的思考模式。奥苏贝尔认为，在课堂上，学生既必须熟练掌握关键的技巧，又必须深入了解其背后的真正含义，包括客观的历史、抽象的概念、复杂的规律、精确的定律以及其他相关的科学知识。因此，在开展篮球课堂的评估时，必须充分认识到，教师必须以一种有效的方式来安排、传授、激发学生的兴趣，以便让他们获得真正的有意义的学习经历。布鲁纳主张，通过发现教学，教师可以获得最好的教育。在探究式学习的方法中，教师不会把课程的知识点或结果直接告诉学生，相反，他们会创造一个有挑战性的环境，让学生思考，探究，寻找答案。建构主义作为一种新

兴的教育理念，其特点在于以主体性为基础，注重培养学习者的主观能力，并以此为基础构建一个能够激发他们主动去发现知识的环境。不同的评价理论在评价的角度上存在差异，但每一种理论都具备其独特的优势。通过对当下社会环境的深入分析，结合多种学术观点，建构出一套完善的、全面的、客观的衡量标准，这才是衡量创新的第一步。

2. 完善篮球课教学目标体系

篮球课程的评估有许多不同类型，但其中的一类可以作为衡量一门体育课程质量的重要参考，那就是传统意义上的体育课程，它涵盖了教师所传授的知识、能力、思想、情感、技巧以及对学生进行心理、身体、精神、心理健康等各个层次的教育。在制定评估标准时，应该遵循一种新的思想，即将篮球课的教学目标作为基础，应该摒弃对于结果的偏好，而更加关注过程的实施，并且在此基础上对其进行更加细致的规划。

3. 设置多元动态开放的评价标准

传统的篮球课教学评价往往忽略了创新性，只关注教学的表面现象，而忽略了其背后的深层原因，更多地侧重于"教"的各个环节，并且按照这些环节来制定相应的标准，这样就很难区分主次、把握要点，从而阻碍了篮球专修课教学的创新发展。在篮球课中，评估过程应该是一个多样化且充满活力的过程。

（1）评价标准随着教学的发展要进行适当的补充和丰富

为了提高篮球课的质量，教师需要打造一个充满活力且能够持续改进的教学空间。这个空间需要根据实际情况进行调整，并且能够适应各种情况。教师还需要确保制定的评估体系能够适应各种情况，并且能够持续改进。这个过程需要教师从三个方面提供支持。第一，教师的篮球课程已经超越了传统的范畴，并且能够为学生提供更广阔的视角，让他们能够从中获益。第二，教师的室内装饰和氛围都需要随着季节和天气的变化而变化，这样才能够适合当前的需求。第三，教师必须改革教学方法，让教学方法更加灵活。因此，教师篮球课的评估方式必须摆脱传统的框架，并且建立起更加灵活的、更具吸引力的评估体系。教师的评估方式必须超越现行的评估方式，并且建立起新的、更加全面的、更加具体的评估体系。为了更好地推动篮球专业的教育，教师应该持续改进并完善自身的教育评估体系，以确保它更加完善、科学和可信。

（2）篮球课教学评价主体要有开放的视野

随着全球化和多元文化的发展，篮球课教学评价的主体已经从单一教师主体转变为多方参与者和教学管理者共同构成，他们的观点和建议应该被充分考虑，以便更加客观、公正地反映出篮球专修课的真实状况。

（3）篮球课教学评价还要注意同课外联系

传统的评价标准往往忽略了学生在课外的表现，导致一些教师在课堂上表现出色，但在日常生活中却缺乏严格的要求。这就导致一些学生在学校里表现优秀，但在家里却仿佛变成了另一个人一样。因此，为了更好地评估篮球课的教学效果，教师应该把课堂上的学生和课外的学生都纳入评估范围。

4. 创新篮球课教学评价标准的权重

在篮球课的评估方面，教师需要更多的创造力来推动这一领域的进步。教师需要制定更多的衡量标准，并且给每一条衡量标准设定一定的权重。教师还需要考虑哪些因素会影响这门课的质量，哪些因素会阻碍这门课的进步。通过提高进步率、提升及格率、增加其他指标的权重，来弥补篮球课教学中过于关注优秀学生，忽略了其他潜力的学生，从而提升整个班级的素养水平；同时，也要增加对于篮球课的教学效率的考核，更多地关注每一节的教学成绩，从而避免因追求高水平的教学质量而牺牲了学生的课余活动。

（四）信息化、服务化评价策略

当被评价者拥有足够的信息和有用的建议后，将较易达到预期的水平；反之，如果被评价者未能得到足够的信息和可供选择的机会，就较难达到教学目标。同理，对于学生来说，教师评估结果的准确性对于他们的学习兴趣来说至关重要。通过采取客观、公平、科学的方法来进行篮球课的评估，教师能够更好地指导和管理这门课程。这种方法既能够帮助教师更好地了解学生的表现，又能够更好地激发教师的潜能。通过进行多次的评估，教师可以更好地帮助受试者提升自己。这些评估可以为教师提供宝贵的信息，帮助教师更好地改进教学方法。然而，目前的篮球课教学评估方法仍然存在许多缺陷，如缺乏多样性、受试者范围较小、评估指标过低、评估标准过低。这些缺陷阻碍了教师更好地推进篮球课的发展。因此，篮球教育应该注重通过评估来提供信息，并且能够帮助教师不断改进，以便他们能够适应未来的需求。同时，这也能够促进学生的个人成长，并且能够帮助他们提高创造力。

由于传统的评估方式存在着明显的缺陷，使得评估的对象往往是由各级官方机构、社会团体以及其他非官方组织组成。例如，在传统篮球课的评估过程中，只由教务处的负责人、质量监督官以及其他机构的负责人进行。采用多元化的评估方式存在以下两个问题。首先，由于被评估者的背景、技能、爱好、经历、道德标准和价值观的限制，他们在评估篮球专业课程的价值时存在明确的偏见。其次，由于没有充分的沟通，特别是没有被评估者的反馈，很难达到"互补"的标准。近几十年，教育领域积极推动了篮球课程的改革，鼓励各方面的参与，从而建立起多样化、协调有序、公平公开、可持续发展的篮球课程评估机制，以期达到改善教学质量、促进教师发展、实现社会公平、实现绿色发展等目标。

（五）多元合作评价策略

通过多方协作，篮球课的评价可以从不同的角度进行，以便更加客观、全面、深入地了解每个参与者的综合情况，并从各个方面考虑，从而帮助篮球教师更好地提供教学服务。

1. 建立评价的主体体系

为了更好地进行篮球课的教学评估，篮球教师应该将来自不同领域的专家、教师、家长、学校、监督机构等组成一个完善的评估团队，从而更全面地收集并反映出每一方的观点。特别是，篮球教师应该发挥最大的影响力，应该为学生提供最优质的指导，也应该与家庭成员一道，共同努力，为学生提供最好的指导。因此，篮球教师和学生在进行比赛时，不仅要积极主动地进行反馈，也要积极地进行互动，以确保比赛结果客观、公正，这样才能促进双方共同进步。在"授权"的框架下，为了实现多方协同的评估，应该授予教师和学生更大的自由，让他们能够做出客观的、正确的判断，而不仅仅局限于单一的评估机构。《中华人民共和国教师法》为教师的考评活动设立了一套严格的标准，要求考评必须客观，具有公正性、准确性，充分考虑教师本身、其余教师或者学生的看法，以便更好地衡量学生的表现。此外，该法也赋予了篮球教师及其学生更多的发言机会，以便更好地反映他们的实际表现。通过让不同的人参与到篮球课的评估过程中，教师能够更好地提高整个教学效果。

（1）自我评价

篮球教师应该通过不同的途径来反思和评估自己，这些途径包括：仔细审视自己的能力和技能，并从不同角度和领域寻找更好的指导；还可以参考他人的反馈，以便更好地了解和提升自己。鉴于评估标准及其带来的偏见，篮球教师应该谨慎地考虑他人给予的反馈，而非仅仅被动地接收，以确保所得到的评估结果符合客观事实。当与其他人相比较时，篮球教师应该优先考虑那些具备相似能力的人，以便更准确地对自身做出评估。

（2）同行互评

互相批评与评估是多种评估的关键组成部分。教师互评更能够展示出民主的精神。针对篮球教师的评估主要采用三种形式：听课评估、自我评价、自我改革。其中，听课评估旨在让授课教师更加全面、客观地了解自己的教学水平，并给出更准确的建议。通过对篮球课的详尽分析，可以帮助授课教师更好地理解和掌控每一个环节，及时发现和解决可能存在的问题，从而极大地提升教师的教学能力。

（3）专家评价

在篮球课的多元化考核体系中，专家评估可以起到重要的辅助作用。它可以帮助教师及时识别并纠正存在的不足，从而确保教育的公正、公平、可持续。此外，邀请行业及领域的权威人士前来进行实地考察，可以帮助教师及时发现并改进存在的不足，从而大大提升了教育的整体水平。通过与行业内的专家进行交流，教师发现他们的看法是相当客观的，并且他们给了教师一些宝贵的意见。这些意见有助于教师改进自身教学方法，并帮助教师做出正确的决策。经过多年的研究，教师发现，专业人士的评估可以帮助篮球教师建立独特的教学方式。

2. 形成多元合作的风气和机制

在篮球课教学中，多元合作的评价不仅仅是针对某一时刻的兴趣，而是要建立一种持久的、长期的评估机制，以便更好地反映出学生的学习情况，并且根据实际情况制订出有效的评估方案，以建立一套完善的合作评估机制。

（1）尊重多元主体

在篮球课上，教师希望每一位参加者都能够抱着热情的态度，并且能够平等地对待各种不同的观点，这样才能够创造一个充满活力和互信的氛围。

（2）激发多主体的评价热情

在篮球课教学中，多方参与者的评价热情可能会有所差异，但如果能够让每个参与者都能够真正感受到评价的重要性，那么他们的积极性就会大大提升。为了更好地激发学生的积极性，篮球教师应该摒弃传统的裁判式评价方式，而是采用一种更加有效的、充满互动性的评价方式，以便更好地激发学生的积极性，并且让学生能够更加客观、认真地对篮球教师进行评价，从而激发学生的积极性，培养学生的责任感。

（3）以定期和不定期的评估来建立完善的考核机制

虽然有些人把评估视作检验，但事实上，篮球课的评估只是其中的一个组成部分，它的目的并非仅仅在于检验，还在于促进其进步。定期的评估可以给每个参与者留出充足的空闲时间，并且可以让参与者在一个充满活力的环境中进行，从而使得情景化的考核变得可行。

（六）"对话—交往"评价策略

随着社会的发展，"对话—交往"的出现为现代篮球课的教学提供了新的参考，它的出现标志着教师走向了一个更加包容、更加充满活力的世界，"评价即对话"的出现，为教师提供了更加全面、更加客观的视角，使得教师的篮球课更加有效。通过引入多种交流方式，可以更好地促进"敌我"的双向沟通，使得评估者、参与者以及被评估者都能够更加和谐地进行交流，从而避免出现一种极端的"敌我"矛盾。在进行篮球课的评估时，有许多不同的参与者，包括教育部门的领导、教研组的负责人以及其他相关人员。此外，教师还发现，教师的评估还涉及许多不同的方面，如教师、学生和整个课堂的氛围。

1. 为长期的多元对话提供平台

篮球课的教学是一个复杂而充满变数的过程，因此教学评价方案并非一蹴而就，而是需要多方参与，建立长期有效的沟通机制。"对话—交往"评价策略的核心在于建立一个持续的沟通渠道。

（1）搭建多层次的评价平台

在学校里，篮球教研室主任会定期举办例会，让大家有机会一起评课和准备课程。此外，教师还会建立相关的教学论坛，让大家就某些问题进行更深入的交流。在篮球课堂上，教师会发起总结会，让学生有机会对篮球课程进行评价。教师还会设立篮球教师信箱和留言簿，让大家能够更好地交流。随着网络技术的发展，开放的网络资源不仅可以促进彼此之间的学习，而且还可以为教师和学生提供一个安全、匿名的评估平台。

（2）鼓励形成对话习惯

"当面不说，背后乱说"可以说是一种误用，它忽略了"背后乱说"的重要性，即评价者与被评价者之间缺乏正面的沟通，从而导致了误判、误导。因此，在篮球课教学过程中，应该积极开展对话交流，建立良好的沟通氛围，以减少误解和冲突，从而使评价过程更加客观、公正。

（3）消除权威，让对话更真实

为了更好地创新篮球课教学，应该构建一个持久的、有效的沟通和合作的评估体系，以便让评估者和参赛者之间形成一种多元化的、可以相互尊重的沟通环境。然而，由于一些地区的行政权力超越了教育权利，因此这种情况会造成一种一言堂的现象，即每个人都可以表达自己的观点，却无法有效地反馈给上级，从而影响最终的结果。通过进行多种形式的对话、交流，教师能够打破传统的评估方式，从根本上改变篮球课堂的教育模式。此外，教师还要积极鼓励和支持篮球专业人士参与到这一活动当中，建立一个良好的沟通环境，从而促进双方的共识，增强双方的信任，从而达成一个公正、客观的评估结果。

2. 将"对话—交往"用于评价

在篮球课教学中，评估过程本身就包含着价值。由于不同的参与者在这一领域中有着不同的价值观，因此评估过程变得更加复杂，需要通过协商和对话来进行。

（1）以访谈为主的直接对话

直接对话可以运用参与观察和直接访谈两种方法。在篮球课中，教师与学生直接接触，并且以评价者的身份直接观察被评价者当时的种种行为现象，这就叫参与观察。直接访谈主要是篮球课评价者通过询问和交谈等形式与被评价者进行的直接对话，进而收集评价者所需要的各自第一手研究材料。为了更好地理解学生的能力，教师必须采用适当的沟通策略，以建立良好的沟通氛围。通过与学生建立良好的沟通，教师可以让他们更好地理解教师想传达给他们什么，并且能够更加坦率地表达出来。此外，教师还应该让学生明确采集资料的目标，以确保教师能够更准确地得到他们所想表达的内容。在特殊的环境下，师生应该互相探讨有关篮球的各种观点，并仔细研究有关的评估标准和详尽的内容。这种互动的形式应该保持公正，但也应该考虑到轮替的因素，即由评估者来回答有关的各种问题。尽管教师的评估方法保持了客观公正，但教师也应该认识到，教师的评估方法并非完全由教师来决定。教师需要考虑来源和结果，并且应该认真审视来源和结果的可靠性。

（2）以问卷调查等形式为中介的间接对话

采用问卷、表格或其他文字形式来获取关于篮球课的评估结果，不仅能够更加直观地展示评估者的态度，而且能够更好地把握学生的学习成果，进而更好地帮助学生了解和把握基础知识点。此外，采用问卷的形式，不仅能够提供更加准确的结果，而且能够更好地把握学生的学习进度，并且帮助学生了解和把握学习内容。在进行访谈时，应避免使用过于复杂的问题以及展开过于深入的讨论。另外，采用一些非结构化的问卷可以帮助教师更准确、全面地了解受访者的情况，并且可以弥补他们可能缺乏的信息。

（3）将多种方式融为一体的综合性对话

无论采取哪种形式进行篮球课的评估，用采访、调查、文件夹等多种手段来获取数据，每种手段都存在着各自的优缺点。因此，为了获取准确、客观的评估结论，教师必须将多种手段融入进来，以便更好地进行篮球课的教育。

通过教育，教师希望能够帮助学生获得更好的身体、精神、社会能力。因此教师需要适应时代变化，确保每个学生都能够得到适合他们的能力和兴趣的培养。但要在篮球教学实践活动中做到以上各项要求，还需要学校、篮球教师、学生、学生家长及社会各界的共同努力。

第四节　高校篮球教学反馈多元化创新研究

一、多元反馈的内涵

所谓反馈，是指"将系统的输出返回到输入端并以某种方式改变输入，进而影响系统功能的过程，即将输出量通过恰当的检测装置返回到输入端并与输入量进行比较的过程"[1]。系统论把反馈定义为施控系统先给受控制系统输入一个控制力或信号，然后根据受控系统的返回信号调整控制力或信号的过程[2]。

反馈在体育教学中的应用逐渐被学生和教师接受，教学中反馈的方式也日趋丰富化和多样化，主要包括以下几种反馈方式：互动式反馈、录像反馈、复合反馈、信息交互反馈、自我反馈以及多元反馈等，其中以"多元反馈法"优势最为明显。通过采取多样化的反馈机制，教师不仅改变了过去仅仅依靠教师讲解的单一的体育课程，而且还开辟出一条崭新的、高质量的体育课程发展道路。

根据教师的研究，多元反馈是一种旨在帮助人们更好地了解和培养他们的专业技能的有效的教育方法。它的核心思想源于系统论、信息论和控制论。在课堂上，教师应该充分考虑到每位学生的不同特点，并使用不同

---

① 王海燕. 复合反馈对运动技能学习影响的研究［D］. 北京：北京体育大学，2013.
② 常绍舜. 系统科学方法概论［M］. 北京：中国政法大学出版社，2004.

的方式来提供有效的指导和帮助。

二、多元反馈教学法应用于体育教学应当遵循的原则

（一）反馈的及时性原则

在多元反馈教学中，教师应该给予学生及时而准确的评估和指导，这些评估应该以鼓励性的语言为主，以此来唤醒学生的积极性，培养他们的创新思维。

（二）反馈的针对性原则

在多元反馈体育教学过程中，教师需要灵活运用各种方法来帮助每个学生提高。这些方法可以是积极鼓励，也可以是严厉批评，但都是必须考虑的因素。教师还需要给予每个学生适当的帮助，以便于他们更好地发挥所长，并且可以更好地实施课堂计划。教师可以给予体育优秀的学生更多的关注和赞赏，让他们成为榜样，激励整个班级学生，促进整个团队的成长。

（三）反馈的全面性原则

采用多种方式的反馈式体育课，教师旨在培养学生的健康水平，让他们的身心健康得以完美结合。为此，教师需要密切观察学生的学习状况，及时地对他们的行为、思维等方式做出及时的调整，以期达到最佳的效果。

（四）反馈的交往性原则

通过互相沟通和互相激励，教师可以更加高效地完成课堂任务。通过不断地沟通和互相激励，教师可以促进师生的互相理解和合作，提高课堂的质量。此外，通过不断地沟通和互相激励，教师可以促进学生的进步，并为他们打造出更加健康的成长环境。

三、多元反馈体育教学模式的教学意义

（一）导向、激励作用

通过对学生的反馈和评估，教师可以更好地指导他们的成长，可以帮助学生更好地理解和掌握知识。为了更好地指导学生，教师需要定期检查

他们的表现，并给予恰当的建议。这样，教师就能够更好地指导学生，并鼓励他们持续努力，为实现终身健康的目标而奋斗。

（二）及时调控教学过程

为了更好地调控多元反馈的体育教学过程，教师需要密切关注学生的个人信息和学习状态，并能够收集到有价值的教学数据。这样，教师才能够更好地把握课堂的进步，并适当地改变课堂内容，达到教师的预期目标。通过教师的指导、学生的参考与反馈以及其他有益的信息，学生能够有针对性地改变自身的学习模式、思维模式以及学习策略，从而提高课堂的有效性，达到最佳的教育成绩。

（三）营造良好的人际关系

采用多元反馈的体育课堂，可以促进学生、教师、课本、社会资源等多方面的互动。通过互相沟通、分享、评价，学生可以更好地掌握课堂的知识，从而提高课堂的效率。这种方式有利于提升课堂的效果，并且能够让教师更好地掌握课堂的主要环节，从而更好地实现课堂目标。由于采取形式多样的反馈，能够有效地调动学生的学习兴趣，提高他们的自主思维、创新并且客观地剖析提问的能力，从而更好地理解并解决问题。总而言之，采取形式多样的反馈教育能够有效地增强学习者的社交技巧。

（四）培养学生观察、分析、解决问题的能力

采用多元反馈的体育课堂，可以更好地培养学生的观察、思考、分析能力以及解题的技能。教师可以通过提问、引导学生探究等形式，让他们自主地收集、整理、总结、归纳，从而形成一种完整的、互动的、共同的知识库。除了通过复习的方法，教师也应该鼓励学生思考和记住本次课程的关键知识，若发现任何缺失，应及时弥补，从而锻炼学生的思维敏捷性、自主思考和实践能力，提升学生的综合能力。

多元反馈体育教学注重情绪热身，强调在正式教学之前，教师通过语言渲染、诱导等方式方法帮助学生调适到一个平和而积极的最佳心理准备状态，从内心深处激发学生的运动动机。应用多元反馈体育教学时要注意信息反馈多元化。在多元反馈教学过程中，教师要通过各种形式或手段，及时准确地掌握学生学习的效果、可能出现的状况等信息，再根据反馈回

来的信息有针对性地调整教学目标、方法、手段等。学生个体通过感受自己的技术动作等，做出自我反馈和评价，也可通过询问同学和教师做出反馈、调整。

四、多元反馈体育教学模式的实施

（一）教学目标的设计

1. 技能目标

在实验中，学生需要掌握多种篮球技能，包括熟练的技术、有效的学习策略以及其他相关知识。

2. 体能目标

体能目标主要是针对学生的身体素质，通过反馈模式的实验能够让学生身体得到锻炼，达到要求的体能标准。

3. 其他目标

通过多元反馈教学，教师可以帮助学生培养情感兴趣、提升能力、发展个性、增强意志力，并让他们拥有良好的合作意识、乐观的心态，勇敢地面对挑战，同时也可以从中获得体育运动的乐趣。

（二）教学实施的设计

采用信息反馈作为基础，教师可以激励学生积极参与，从而改变传统的单一的课堂教育模式。教师采用了一个全新的、多样的信息交互系统，可以实现对学生及时、准确的反馈，并且可以即时地给予有效的指导，从而使课堂变得更加有趣、有效。采用即时反馈的教学方式，可以大大提高学生的操作技巧，并且更容易评估他们的成绩。此外，它还允许学生根据已经获得的信息，持续提升他们的技巧，并且让他们的想法得到更好的实现。当教师熟悉了新的内容并且可以将其融入教师的思维中，教师便可以更好地管理并运用这些内容，从而更好地理解并记住已经获得的知识。

（三）教学评价的设计

现代的教育方法中，采用多种方法进行互动，以帮助所有参与者不断进步。其中，多种方法的核心在于让参与者在互相帮助的基础上，不断发展他们的技能。同时，通过建立一套完善的评估体系，可以促进参与者的团队协作，从而实现从单一的个体竞争到团队协作的转变。通过综合运用定量分析和定性分析，教师可以更好地评估课堂效率，并且可以更有效地掌握课堂的全部情况。这种教学评价方式改变了传统的以个人成绩为最终评价的方式。教师在实验中以团体成绩为主要考察对象，实验结束之后以成员个体的成绩为考察对象。

"三维目标"旨在更好地反映学生的学习表现，它涵盖了"三维目标"中的三个主要维度：基本技能和知识，情感和态度还有能力。"三维评价"更加注重个性化的发展，以更加全面准确地反映学生的学习表现。根据教学目标的要求，教师将三项内容的得分作出了明确的排序：一般情况下，基本技能和知识占到50%，能力占到30%，情感和态度占到20%。此外，教师还将更多的关注点放在了课堂上，让每个人都参与到课堂的讨论之中。通过引入新的评估方法，该评估体系变得更为科学，既强调了教师的主导地位，又考虑了学生的个人表现。另外，该方法还提高了评估的深度，包括能力、情绪等方面。它有助于促进学生全面、健康地成长。

五、多元反馈教学模式创新应用于篮球教学的效果

通过对传统教学模式的深入研究，教师提出了一种全面的、具有前瞻性的、能够激发教师与学生共同发展的多元化篮球反馈教学模式，它结合了现代科技，采取了多种有效的实践手段，从而更好地激发了学生的潜能。在当今的课堂中，教师应该更加关注学生的需求，并让他们在课堂教学上扮演更多的角色。这样，教师才能更好地利用自身的指导作用，让学生在课堂教学上更有活力，才能真正实现课堂的有效性。教师的教学方法单一，会导致课堂教学上的信息流通变得单调呆板，以至于学生无法充分理解所需的知识，也无法充分发挥自己的潜力。许多人担心，如此的情况下，课堂活跃气氛不够活跃，会导致学生的积极性降低，从而导致课堂教学变得枯燥乏味。

现代的教育观念强调将学生置于核心地位，让他们成为课堂的核心，

激发他们的自信心、活力、创造力，让他们能够自行探索、实践、思考，从而获得更多的知识。此外，教师的角色从单纯的指导者转变为激励者、指导者、协助者、支持者等多重角色。随着时代的进步，教师的课程设置也在不断演进，从最初的传统的课程模式，到现在的多元化的课程体系，教师的宗旨始终如一：致力于培育出拥有创新精神、善于思考的现代化人才。

通过采用多种方式，教师已经大大改善了传统的教学方式，使得教师的指挥权得到了充分发挥。此外，教师还将学生的参与视为教学的核心，并将他们的活力和创意融入教学的整个气氛之中。现在的课堂教育方式，不再局限于单纯地复制教学内容，而是致力于提高学生的能力。探索新的授课的方式与技能，既能够帮助教师授课，又能激起学生的自我探究兴趣。教学的流程，要从单纯的讲授转变成一种有效的交流，让每个人都能够获得有价值的信息。为了更好地提高学生的综合素质，教师应该深入研究他们的思维模式，并结合他们的实际情况，制定针对性的教育举措。此外，教师还应当增强课堂教学的互动度，让学生积极参与课堂教学活动，以便更好地掌握所需的知识。

第四章　高校篮球运动的多维度教学思考与理论概述

第一节　篮球课堂多元教学模式及其课堂设计

一、比赛教学法

比赛教学法，就是将教学要融入比赛中。通过采取比赛教学方式，教师可以把课堂上所学知识和实践相结合，使其成为一种有效的教学手段。在大多数高校中，教师都会把最先进的运动训练方式和竞争策略纳入课堂，以便帮助学生充分理解和运用所学知识，从而达成最佳效果。通过参加比赛，教师可以帮助学生获得实际的训练，激发他们的热情，进一步推广和普及篮球运动，有效地改善和提升篮球教育的水平。

为了让大学生的体育课程取得良好的效果，教师必须为他们量身打造一个完善的训练计划，从而使他们能够以一种健康的、充满活力的状态参加各种类型的比赛，培养他们的篮球素养。

（一）比赛教学法应用于体育教学的策略

1. 确定比赛目标和比赛规则

通过5V5的全场篮球对抗比赛，教师能够激发学生的运动热情，并且由两名教师分别担任裁判。4节比赛，每节时长10分钟，其中，三分球得分为3分，其余的分数将被计入2分。此外，教师还会分配学生分别打4场比赛，若是获胜，则会获得2分；若是失败，则会获取0分；平一场计入1分。最终，根据所有参与者的表现，教师将会给出最终的比赛分数。通过比赛教学法，教师可以为学生制订几个不同的训练计划。首先，应该强化学生的团队合作精神，让他们更好地理解和运用比赛的规则，激发他们的积极性和热情。其次，为了提高运动水平，教师需要鼓励学生积极参与各种体育锻炼，包括室内和室外的篮球培训。通过这些培养，学生将会掌握各种运动技巧，并且有能力制定出有效的比赛策略。最后，教师还需要培养学生的独立性和责任感，使他们有效地完成进攻和防御任务。

2. 开展课内联赛活动

在课堂教学中，运用竞争性的方式来提高学生的体育水平，效果是非常显著的。但是，教师也不可以无视学生的参与，而是必须采取一些措施来帮助学生更好地理解和掌握知识。

第一，在比赛开始之前，教师应该发挥主导作用，帮助学生组织和管理比赛，让他们清楚地了解规则和裁判法，并采取正确的教学方法，为他们制订科学合理的比赛计划。此外，还应该将学生分成小组，并从每个小组中挑选负责人，进行示范讲解。

第二，在比赛过程中，教师应该让学生通过小组循环来竞争，而且由教师担任裁判。教师应该积极掌握整体形势，并且经常反思每个小队的表现，从而根据实际情况来制订出更有效的训练方案。

第三，为了更好地激发参与者的热情，教师应该全面地回顾这次比赛的全过程，并且加强小组的凝聚力，通过"MVP"（最有价值球员）的形式挑选出最佳的参与者，激发他们的活力和热情。

第四，根据参与者的表现给出综合的分数。当教师对学生的成绩进行评估时，教师会根据他们的表演和其他方面的因素，给出一个客观、公正的评分，这样教师就可以更好地鼓舞他们。

（二）比赛教学法应用于体育教学中的重要性

1. 提供专业的指导和支持，帮助学生迅速提高篮球技能和技巧

通过将教学重心转移到赛场上，教师可以激发学生的积极性和活力，并为他们提供更多的机会来展示自己。这样，学生就能够更直观地了解所学技能在实际应用中的效果。

通过采用比赛教学方式，教师可以让学生感受到团队的凝聚力和互助，这种凝聚力和互助的态度使他们能够从单独的竞争者身上获益，并且通过不

断地练习和交流，提高他们的技能和技巧，从而达到成功的目的。这种方式的优势在于，它既能够让学生感受到集体的温暖，又能让他们深刻理解和熟悉篮球的规则和技巧。通过与其他队伍的比赛，教师能够让学生意识到他们的弱点，并且教师能够清晰地看出学生的缺陷，这样才能够有针对性地进行指导和培养。通过这种方式，教师能够让篮球课程变得更有趣、有意义，并且能够让学生的心态、身体和运动能力都有所改善。

2. 帮助学生提高技术运用能力

篮球是属于赛场的，只有上了赛场，才会真正将篮球的魅力与特点发挥出来。通过把实际的训练和练习融入课堂活动当中，教师希望提高学生的技术和意识，让他们更容易把握住每一次的机遇，更有效地完成任务。此外，这种篮球训练方式也有利于培养学生的心态，让他们更容易保持冷静，避免因过度压力而导致无法发挥最佳状态。通过参加比赛，学生可以提升他们的专业技能和对比赛竞争的热情，同时也能增强他们的自信心，并且能够体验到篮球的独特之处。

3. 帮助学生更好地掌握篮球规则

篮球运动需要运动员具备一定的技巧和技术，但它的规则却非常复杂，只依赖于学生的努力和理解，往往会让他们陷入一种迷茫的境地。因此，在篮球运动中，除了培养学生的勇气和毅力外，还需要培养他们公平的竞赛品质。在课堂上，组织学生进行比赛活动，能够让他们更加清晰地理解和运用各种技巧，从而更好地提高他们的技能。同时，学生通过比赛能够熟悉篮球比赛的种种规则。

二、"花式篮球"引入篮球课堂的创新尝试

"花式篮球"以其充满想象力的动作、极具观赏性的创意和自由炫酷的表现形式，备受全世界青少年篮球爱好者的喜爱。"花式篮球"能在多个方面锻炼来提升人的大脑和身体素质，同时也有助于心智健康发展。通过采用"花式篮球"的教学模式，教师可以为学生提供一个有益的环境，使他们不再局限于传统的体育课程，而是可以将自己的精力投

入运动和健康的活动之中，从而促进他们的道德、知识、技能和审美的综合素质的提升。

（一）"花式篮球"引入课堂教学的环节

1. "花式篮球"中的绕球、原地运球等动作可作为热身操

热身操的过程通常是"颈部—肩部—腰部—大腿小腿—脚踝手腕"，这也是大多数高校体育课的基础，包含许多复杂的旋转、拉伸练习。"花式篮球"则更注重实战演练，它可以激发学生学习篮球的兴趣，也能提升学生球感。比如"花式篮球"中的原地指尖转球、手臂转球等转球动作可以帮助学生更好地运用双手，从而更好地锻炼他们的肌肉力量。原地胯下运球、背后运球，可以显著提高训练的强度和紧张度。

2. "花式篮球"表演本身就是很好的游戏

一场精彩绝伦的"花式篮球"不仅有助于改善课堂气氛，而且还有助于激发学习热情，让学生更加投入地参与到"花式篮球"中，这也正是这一优秀体育活动所具有的独特魅力。"花式篮球"既能给学生带来轻松愉悦的体验，也能激发学生的竞争意识。教师可以将"花式篮球"的玩家按照自己的喜好，将他们划分到不同的团队中，然后根据每个团队的优劣，对"花式篮球"的玩家进行比较。

3. "花式篮球"可作为篮球基本功练习的进阶选项

"花式篮球"提供了一种新颖的方式来组织传统的篮球选修课，它既有趣又有效地解决了学生对于课堂练习缺乏热情的问题。"花式篮球"提供了更加专业的运球和传球动作，让学生能够更加熟练地掌握基本的篮球技术，从而提升他们的篮球水平。通过练习花式篮球，可以大大提高学生的基本技能，并带来显著的成效。

4. "花式篮球"和音乐的结合可以帮助学生放松身心

传统的放松活动往往缺乏创新性，只停留在课前的热身阶段，学生的积极性也不高。花式篮球和一些轻松的音乐相结合，可以提供一种更加有效的放松方式。这些轻松的音乐能够帮助学生放松心情，而花式篮球的许多动作也能够帮助学生放松肌肉，缓解神经紧张，这种新颖的活动形式让学生更容易接受，而且能够迅速达到放松的效果。

5. 举办校园"花式篮球"竞技比赛

当大学生学习某项篮球技能时，他们往往只是为了完成任务而学习。为了学生改变这种态度，可以把"花式篮球"竞技比赛作为一种有效的学习方式，它不仅可以激发学生的好奇心，让他们更加积极地参与"花式篮球"运动的学习，还可以吸引更多的观众前来观看，从而提高学生对篮球运动的兴趣。通过"花式篮球"竞技比赛，教师不仅可以吸引更多的人参与篮球运动，而且还可以为校园文化增添更多的内涵，促进校园文化的发展。

6. 建立"花式篮球"社团

社团在高校里的重要性不容忽视，许多高校都拥有悠久的社团文化。"花式篮球"社团的成立可以将篮球爱好者聚集在一起，共同提高篮球技能，并通过宣传和活动吸引更多人关注"花式篮球"，成为大家的热门话题。通过"花式篮球"和社团定期招新活动，教师可以帮助更多的人加入"花式篮球"的学习大军，并且使这些人获得更多的体育知识。

（二）"花式篮球"在篮球教学中具备的优势

1. 引导学生自主学习

"花式篮球"源于传统的篮球运动，它的基础技能与传统篮球没有太大的区别，但"花式篮球"则更具有灵活性，提供了更多的打法和技巧，让学生可以根据自己的兴趣爱好自由地探索和发展，不受传统篮球规则的限制。通过自主探究的学习方式，学生不仅能够培养出良好的运动探索精神，而且还能更有效地掌握技能，远超过传统的篮球教学模式。

2. 更新传统的体育技能学习观念

很多大学生将体育选修课作为一项任务对待，这样很难在体育课上学到实用的体育技能。"花式篮球"的创立可以追溯至美国的街道，独特的嘻哈风格不仅可以增加学生的兴趣，还可以激发他们的运动热情，使得篮球不仅是一项简单的运动，更是一项充满趣味性和挑战性的文体活动。"花式篮球"以其独具魅力的街头风格，彻底颠覆了人们关于篮球的固有观念，学生在学习"花式篮球"的时候能够获得心灵愉悦与身体健康的双重收获。

3. 从多个方面提高大学生身体素质

"花式篮球"与"传统篮球"的显著不同之处在于，"花式篮球"提供了全面的篮球技术，让大学生可以通过不断的训练来提升自己的身心素质，提高基本运动能力。为了提高身体素质，教师建议学生多尝试不同的投掷技术，如使用拇指、食指或其他关节来控制投掷。这样可以有助于提高学生的投掷精度，并增强他们的身体协调性。花式运球、花式扣篮等多种"花式篮球"技巧学习可以帮助学生在运动过程中提升判断能力，并增强他们的反应速度。

三、篮球游戏在体育课堂中的应用分析

篮球游戏对篮球教学而言，主要是起到了辅助教学的作用。通过各种运动，如投掷、跳跃等，篮球游戏不仅能够有效帮助教师进行课堂讲解，还能够唤醒学生的热情，从而有效提升课堂的质量，实现课程的预期目标。此外，由于篮球游戏规则清晰、操作方便、设施需求少，而且更加便捷，因此被广泛应用，并取得了巨大的成功。

尽管许多学校拥有充裕的运动场地，但是由于器械不足，学校的体育活动受到限制，从而导致体育课程的质量受到极大的损害。尤其是当涉及篮球课程的时候，由于缺乏充分的训练，使得参与者的数量减少，而且训练的质量受到极大的影响。

通过分组教学的方式，学生可以在没有太多体育设施和器材的情况下，学习篮球基本技术和技能，并且可以根据学生的需求，调整课时的运动量，从而更好地满足学生的学习需求。此外，由于篮球游戏的普遍性，学生的参与人数也可以得到有效控制。

（一）篮球游戏已成为高校体育课的重要组成部分

为了让学生更好地理解篮球，高校体育教师应该根据课程的目标、内容和任务，选择适当的篮球游戏，以便让学生更好地掌握知识。此外，篮球游戏应该分阶段进行，以保证它们的有效性。

1. 篮球游戏在引导课中的运用

为了让学生更好地理解篮球技术，教师应该避免过多地讲解复杂的技术动作，而是让学生多次练习，通过一些简单的游戏来提高他们的兴趣。

这样，学生不仅能够轻松地掌握球技，还能够锻炼身体，为接下来的课程奠定良好的基础。

2. 篮球游戏在篮球课准备活动中的运用

为了让学生更好地掌握技能，篮球课的准备工作非常重要。首先，教师需要让学生的大脑拥有充足的能量，然后让他们进行适当的训练，从而增强他们的身心健康。随着锻炼的进行，身体的肌肉组织变得更为柔软，而且它们的抗压能力更好，从而使得身体的关节更容易受到拉伸，使得身体的灵敏度更大，从而避免了身心健康受到影响。其次，通过使用适当的篮球游戏，教师可以提升学习效率，并且可以帮助教师完成比较艰巨的任务。最后，通过使用适当的游戏，教师还可以提升自身的心理素质，从而使教师对于即将开始的课堂有所准备。为了让学生更好地参与到篮球课的准备活动当中，教师建议采用一些轻松、简单的、具有挑战性的、能够锻炼学生的技能和意志力的游戏，如"三人传四球""不倒翁""三角传球"类的运动，它们不仅能够锻炼学生的肌肉，还能够唤起他们对运动的热情。

3. 篮球游戏在篮球课的基本部分中的运用

在篮球课的早期，教师的重点目标是按照教学大纲来理解并记忆所有的知识。教师会利用专业人士提供的有趣的篮球训练来帮助学生更好地理解并运用所学的知识。教师希望通过不断的训练，让学生更好地发挥自己的潜力，并且增强他们的团队合作精神。通过设计精心挑选的篮球游戏，不仅能够帮助学生回顾之前的知识，还能够激发他们的学习兴趣，从而使他们能够更好地理解并运用篮球的基础知识。此外，为了让学生能够更好地练习，还应该设计出具有挑战性的、趣味性的竞争类游戏，让他们能够通过不断练习来巩固自己的知识，并且能够从实践中获得成功。通过参与这个游戏，教师不仅可以提高学生的技术水平，还有助于团队凝聚力的提升。同时，通过沟通与指导，教师还有机会纠正学生技术上的失误，从而提升学生的自信心，提高学生的学业成绩。

4. 篮球游戏在篮球课结束部分中的运用

在篮球课上，学生会进行激烈的活动，但是当课程接近尾声时，为了让学生尽快掌握篮球的基本技巧，教师会让他们的身体状态逐渐放松，以便他们能够更好地完成后续的专业课程，并且避免出现身体酸痛的情况。在篮球课结束时，教师应该安排一些有益的游戏来帮助学生放松身心，但同时也要注意控制运动量，以免过度锻炼。通过这些游戏，教师可以让学生在一个愉快、轻松的氛围中结束本节课，让他们感到开心、满足，从而发挥出高校体育课的最大效果，实现教学的基本目标。

在高校体育课中，篮球游戏的运用对于学生来说至关重要，它不仅可以帮助学生更好地理解和掌握基础的篮球技术，还能让他们更加深入地探索这项运动。通过特定的、专业的篮球游戏，学生不仅可以轻松掌握基本的篮球技术，还可以锻炼身体，提升身体素质；此外，还可以通过多样化的游戏，激发学生的思维创造力，增强他们遵守游戏规则的意识，从而让他们更好地掌握篮球技巧，并且能够更有效地应对日常训练中的挑战。

（二）高校体育课篮球教学中运用篮球游戏应该注意的问题

1. 选择的篮球游戏必须具有教育意义

通过运用篮球游戏，教师可以更好地指导和培养学生的技能和能力。然而，教师也要注重培养学生的自信心、责任心、创造力和团队合作精神，以便让他们能够更好地适应和应对挑战。因此，在选择篮球游戏时，必须考虑其对于学生的成长所带来的潜在价值。比如，它能够锻炼学生的勇气、决策能力、坚韧不拔的品质，它能够让学生明白团队合作、竞争与协调的重要性，它还能让学生在团队中建立起友谊、支持、宽容、尊敬的态度，从而更好地满足社会的发展需求。

2. 教师作为裁判员要公平公正

裁判的职责非常重大，他们需要既庄重又公平，同时也必须精细、精明。他们需要对比赛的结果、对参赛者的表现以及对违反规则的人的处罚负责，以此来维护比赛的秩序，避免出现双方的矛盾冲突。教师需要仔细审查每一个环节，确保整个游戏流畅有序地完成。

3. 教师必须根据场地和学生的实际情况选择篮球游戏

女大学生篮球教学的内容可以安排一些简单易懂的、作为女孩容易掌握的游戏，以锻炼学生的灵敏性、反应性、协调性等，并且游戏要具有趣味性和娱乐性。例如，在头上、在体侧或者在胯下进行传球接力的游戏。而男大学生的篮球教学则可以采用一些技巧性的、竞争性的、竞技性的游戏，来锻炼学生的力量、耐力和协调性等。例如，运球往返上篮、连续跳起摸篮网、传球准确性的练习等游戏。在篮球游戏教学方案的设计过程中，教师必须考虑男女大学生的生理、心理、年龄特点等方面所具有的差异性，对于身体素质和篮球基础不同的教学对象，教师应当选择恰当的游戏内容和对学生要有合适的生理和心理负荷，不能让学生超负荷运动。

4. 游戏过程中必须注意安全，避免意外伤害发生

安全问题一直都被认为是一个非常关键的课堂焦点，教师通过设计一些具有挑战性的、竞技性的游戏，不仅仅可以让学生玩得开心，还可以让他们的身心得到放松，从而让他们的思维得到充分发展，进而取得良好的学习成绩。因此，当教师设计并使用课堂活动中的游戏时，除了要注重它们的趣味性、有效性外，也要认真思考如何确保课堂活动的安全性，从而达到预期的教育目的。

5. 篮球游戏结束后要有评语

一些教师未能有效地控制游戏的时间和次数，使得课程的正常进行受到了影响，而且在游戏结束后，教师也未能及时总结出游戏的精髓，从而使学生无法充分理解游戏的内容，也无法充分发挥自身的创新能力。

许多教师习惯于在规定的时间或次数内结束游戏，但这种做法并不理想。为了让学生感到满意，并保持兴趣，教师应该在适当的时候结束游戏。

为了确保游戏的顺利完成，教师需要事先通报完成的日期。完成之后，教师需要对整场比赛做出客观的评估。教师需要给予参赛者适当的奖励，并且分析他们的技能、策略以及其他因素，以便更好地帮助他们完成比赛。当看到某个学生在这个游戏中表现优秀，教师要给予赞赏。但是，如果这个学生在这个游戏中遇到了挫折，教师也要给予支持。教师要尽力帮助这个学生，使其能够克服困难，寻求更多的机会，最终赢得比赛。最后，要求教师对每个学生的评价是客观的，充分考虑每个学生的优劣，以便更全面地了解这个学生。

第二节　情境教学法在高校篮球教学中的有效运用分析

一、大学篮球教学中运用情境教学的意义和作用

（一）情境教学能激发学生对篮球的兴趣

通过创造一个有趣、富有挑战性的环境，教师能够引领学生一起探索和体验体育教学活动。这样，教师就能够让课堂变得更具吸引力，同时也能够培养学生参加体育教学实践活动的热情和自觉性。通过激发学生的体育运动兴趣和热情，教师可以大幅度改善篮球课程的效果。

（二）能促使篮球技巧从抽象化为具体

在高校篮球课堂上，笔者发现许多学生的练习并非主动，而是在被动地接受知识。因此，笔者认为，教师应该把抽象的篮球技巧转化为学生日常生活中的实际应用，以便更好地指导学生。大学生对于篮球技巧的兴趣不高，因此采用情境教学法，结合学生的日常生活经验，可以将抽象的概念变得具体，让学生在轻松愉快的氛围中更好地掌握篮球技能。

（三）提高学生的实践能力、探究能力

在篮球课堂上，教师应该创造有利的环境，帮助学生发展他们的实际操练和思考能力。这样才有助于学生在比赛中取得更好的成绩。此外，在大多数高校里，训练和比赛都应该集中在实际操练和思考上，以便让学生在比赛中更好地发挥。因此，教师应该创造有利的环境，帮助学生通过这些环境来掌握新的知识。

（四）体现出学生的主体性、教师的主导性

当前的课程计划强调，教师应该指导学生，让他们成为课堂的核心。通过这种方式，教师希望能够建立起教师与学生的良好互动，以便让学生能够更好地参与到课堂的各个方面。特别是在篮球训练课上，教师应该让教师的指导作用与学生的参与作用有机地融合，以培养学生的思维能力。运用情景模拟来进行篮球技巧培养，可以让学生更加积极地参与课堂，并

提高教师的有效指导。此外，这种方式还可以帮助培养学生的创造力和敏捷的反应能力。

二、情境教学法在大学篮球教学中的有效运用

（一）设置多媒体情境

大多数高校的篮球训练都是在户外进行的，很少有人会使用多媒体资源。因此，教师应该尝试采取多种方法来提升教学效果，并充分利用多种多样的多媒体资源。以"三步上篮"这门课程为例，教师应该把学生平时的训练和比赛录制到一个完整的文件夹里。"三步上篮"的知识虽然被部分学生所理解，但学生仍然缺乏实践能力。因此，"三步上篮"的内容可以利用多媒体资源进行展示，可以利用电脑技术把"三步上篮"动作拆分成简单的、高效的步骤，以便更好地帮助学生学习。利用现代化的多媒体工具，让学生更加深入地理解"三步上篮"的动作操作步骤，从而大大增强了课堂的实践性和有效性。

（二）利用道具来创设情境

在篮球教学上，使用适当的工具和材料对于提升教学氛围至关重要。通过使用工具和材料，教师可以为学生营造有趣的环境，帮助他们更好地掌握技巧。比如，教师还可以通过使用各种道具，为学生创造出更加逼真的环境，使他们更容易掌握单手肩上投篮的技术。由于引入了各种各样的道具，让课堂气氛更加活跃，让课堂活动更加有趣。然而，一些教师仍然担心，道具仅仅是一种辅助性的手段，并非必要，应该根据实际需要合理运用。

（三）创设关于谜语的情境

在高校里，猜谜已经成为一种流行的娱乐方式，这种活动不仅令人兴奋，也深受许多人的青睐。因此，在进行大学生篮球培训时，教师应该利用这种活动，营造出一种轻松、活泼的气氛，从而激发学生的潜能。当正式进行一场关于篮球的讨论时，教师会向学生发出一种有意思的邀请："同学们，老师知道你们很喜爱猜谜语，今天老师也准备几

个谜语，让你们来猜一猜。"这时，学生就会积极参与，教师会让他们猜出谜语："十人两个筐，个个抢瓜忙，明知筐没底，漏掉也要装。请问这是什么运动器材？"一些学生迅速反应过来，他们立刻回答："篮球。"接着，教师又提出了一项新的话题："没到手抢它，到手就扔它，越是喜欢它，越是要打它，是什么物品？"学生纷纷回答："篮球。"采取猜谜的方法进行教学，不仅可以增强课堂的乐趣，而且还能够唤醒学生的好奇心，增强他们对体育的热爱。因此，教师应该从一开始就利用谜语的方法，为学生营造一个充满活力、充满乐趣的体育锻炼环境。

（四）创设游戏情境

无论何时何地，无论何种年纪，人们都热衷于玩各种游戏。教师应该把游戏纳入篮球训练体育课程当中，让它们更加丰富、有趣。比如，当教师引导学生掌握投掷技巧时，一些学生认为他们的技术已经很好了，无须重复训练。因此，教师应该采取一些新的策略，如通过一个有趣的游戏来帮助学生更好地理解和掌握篮球技巧。教师可以让一些学生在操场上使用粉笔绘制一系列的圆形图案，然后一个学生负责在其中传递信息，一个学生负责拦截。如果两名学生都击败了对手，那么他们就可以互相替代。

教学方法的改变对高校的体育教学至关重要。采取情境教学法，教师可以利用各种形式的教学活动，来吸引学生的注意力，并帮助他们更好地理解并学习体育知识。这种方法既能够让学生容易理解，又能够让他们更好地学习体育知识。

第三节　翻转课堂在高校篮球教学中的构建分析

在倡导素质教育的今天，篮球教学是一门重要的课程，它可以促进学生身心健康发展。高等院校正努力寻找更好的教育理念，而翻转课堂的概念正好符合这种需求。相比于传统的篮球授课，翻转课堂的优势显著。

一、翻转课堂在高校篮球教学中的可行性

（一）提倡翻转课堂的必要性

尽管传统的教学模式有很多不可替代的优势，但是它仍然存在着许多缺陷。比如，缺乏充分的时间安排，缺乏丰富的体育活动，以及缺乏能够引导学生参与的活动，这些因素导致学生缺乏学习兴趣，从而降低了教学的效果。"翻转教学"是当今最具创意的教育模式之一，它不仅能够改变传统的授课形式，还能够让学生更加深入地理解所授的知识，从而更好地掌握知识，并且能够有效地培养学生的兴趣爱好，提升学生的运动技能。在教学过程中，学生应该参与到团队协作中来，这样他们就会发现，通过团队协作，他们既能够了解到知识，又能够掌握到技巧。这样，他们就会更加积极地参与到课堂活动中，并且更有效地完成任务。此外，这种方式也有利于提高学生的独立思考能力和合作精神，从而更有效地顺利完成学习任务。通过让学生事先做好充分的准备，不仅能够加快教师的讲解，还能让学生深入了解篮球的基本原则，从而有效地把握篮球技术的精髓。这样的教学模式不仅能够有效地缩减传统篮球课堂的时长，而且还能够让学生有机会深入地了解到有关的体育知识。

（二）翻转课堂的可行性

"翻转课堂"的教育方法能够让学生更加轻松地掌握课堂上的知识，并且能够更加清晰地理解知识。为此，教师需要根据学生的实际需求，及时地更新课件，并且定期检查课堂的流畅度，从而持续改善授课方法，进而达到更佳的课堂教学效果。"翻转课堂"的教学方法有助于促使学生更加专注于他们的兴趣，并且有助于他们更快地理解想掌握的知识。这种方法的目的之一是帮助学生更好地掌握运动技巧，并且更好地协调个人与集体的关系。中国的大多数高校都会安排篮球课，这样既有助于增强学生的专业水平，也有助于他们更好地运用这项运动。"翻转课堂"的教学方法完美地符合当今的教育环境，它利用互联网技术，让师生可以在线上进行直接的沟通、互动，从而更好地推动高校的教育进步。

二、高校体育教学"翻转课堂"构建模式分析

（一）教学前的准备工作

在翻转课堂模式，教师需要精确地定义教学目标，同时也需要认真记录下每个学生的学习情况。此外，教师应该使用PPT来演示篮球的基本操作，特别是重点部分。教师也应该使用慢速摄像机来捕捉重点，并向学生提供更加清晰的信息。教师也应该使用录像的方法来帮助学生更好地了解这些知识。为了帮助学生增强对重点内容的理解，教师应该利用各种有效的媒体工具，如电子书、手机游戏等，为课堂内容的呈现增添丰富的内容。同时，教师也应该为课堂内容添加有趣的图片，让学生有机会通过实际操作感受篮球的魅力。

（二）课堂中，知识和技能互相融合

教师希望通过讲授、实践、互相讨论等活动，帮助学生更好地掌握这门课；教师希望通过这种活跃的氛围，激励学生思考并探究，并且通过实际操作来培养他们的创新思维；教师希望通过这种活跃的氛围，帮助学生更好地掌握这门课，并且培养他们的实际操作能力。通过勇于提出不同的观点，教师不仅能够锻炼学生的团队协作精神，也能够让他们拥有新的想法，从而拓宽他们的视野，提升他们的创新性。

（三）课后反馈

作为一名教师，需要不断地监督教学，并适时给予教学的反馈。教师可能使用多媒体工具，如互联网，来帮助学生更好地理解课堂教学具体内容，并及时发现教学中的不足之处。这样，教师才能更好地指导学生学习，并帮助他们更好地实现自己的教学目标。当学生遇到难懂的技巧、难以掌握的技术，甚至犯了技巧性的错误时，教师应该尽快给予指导，并鼓励学生多多练习。通过改善课堂环境，教师能够更好地帮助学生了解所需的知识，培养他们的技能，同时也能够增进他们与教师的互信，从而更快地达到最佳的教学效果。

近年来，随着教育体系的持续变革和完善，全球范围内高校的实力日益增强。为了能在激烈的竞争中脱颖而出，高等院校必须充分理解当前

的形势，跟上时代的步伐，努力提升自身的素质，并且完善和创新自己的课程。在中国，翻转课堂已经被证明是一种非常有效的教学方式，它可以帮助学生在网络环境下进行有效的学习。这种教学模式不仅可以提高学生的参与度，还可以帮助学生在网络环境中发挥独特的作用。随着时代的发展，翻转课堂教学模式的运用越来越广泛，其独具的特色与优势也日益凸显，其成果也被广泛认可。然而，面临当前的挑战，教师需要持续努力，并勇于探索，以唤醒学生的学习热情，培养他们的运动技能，从而更好地完成翻转课堂的教学任务。

第四节　合作学习应用于高校篮球训练的实践研究

一、合作学习的基本要素

（一）积极互赖

在小组中，教师应该帮助小组成员之间建立一种积极的互助关系，即积极互赖。这种关系要求每个学生都应该为小组的整体发展负责，并且认识到团队的重要性。小组的每个成员应该共同努力，克服困难，解决所有问题，实现共赢。

（二）个人责任

所有参与者必须承担自己的责任。从社会心理角度来看，如果缺乏清晰的规范，就可能导致部分成员选择放弃自己承担的责任，产生了逃避的社会心态，进而影响了整个团队的发展。

（三）社交技巧

如果小组成员缺乏协作精神，那么他们可能会导致小组的瓦解，甚至无法顺利进行各项活动。这种情况的根源在于学生缺乏良好的社会交往技巧，而不是他们之间缺乏协作的热情。社会交往技巧是一个小组能够取得成功的关键因素。因此，为了确保学生能够在团队合作中取得成功，教师需要教会他们一些社交技巧。

（四）小组自评价

为了确保小组活动的顺利进行，教师建议定期进行评估，以便小组成员能够更好地了解彼此的表现，并及时给予反馈。

（五）混合编组

在编组的过程中，应该全面考量每位学生的优势和劣势，使他们的能力得到充分发挥，从而使小组的整体水平达到最佳状态。采用混合编组的方式，可以使小组成员拥有更多的选择，并且能够有效地利用各自的优势，弥补缺点，使活动更加丰富多彩。

二、合作学习的基本方法

（一）小组调查法

这个小组包含2～6名学生，负责收集数据，进行分析，制订合理的解决方案，最终形成了一份详尽的调研报告，供所有人进行审阅，最终得出的结论也会被汇总在大家的面前，供大家进行公开的审议。

（二）拼图法

通过拼图法，小组成员可以清楚地了解各自的职责，并且积极参与活动，从而提高小组的效率。拼图的过程就像一场拼图游戏，每一块拼图都必须精准地拼接起来，才能完成整个游戏。

（三）团队游戏竞赛法

约翰斯·霍普金斯高校提供的合作学习法之一是团队游戏竞赛法，它将学习能力比较强的3个学生作为一个竞争小队，以此来激励他们，并且将获取与自身竞争对手同样的奖励，从而使他们有平等的学习机会。

（四）小组分层计分法

通过小组分层计分法，教师将学生分成几个小组，每个小组都有其独特的特点。教师会给每个小组提供指导，让每个小组都能够独立完成学习任务。然后，教师会对每个小组进行一次独立的测试，并以计分的方式将每个小组的成绩相加，以此来决定每个小组的表现。

（五）"思考—同伴—交流"法

通过思考、同伴和交流相互替换的方式，教师可以先提出一个问题，让学生进行一段时间的独立思考，然后找到一位同行进行交流，接着这两个人可以组成2人组，共同探讨，最终在全班范围内分享讨论的结果。

三、合作教学法应用于篮球训练的基本理念

（一）以人带球的教学理念

以人带球，是指通过人的主观能动性带动学生的球技增长、人际关系改善、球队整体优化，达到以人的发展带动球技发展的教学目的，实现由单一角色引领全局。为此，采用小组协同的方法，让每一位成员都有机会参加协同活动，培养他们的团结协作精神。教师的职责是协调每一位学生的技能，并让他们在团队中展现出最佳的能力；需要鼓励每一位学生都能够独立地探索和挖掘自己的潜能，并培养良好的行为和思考模式。为了更好地激励学生，教师可以让他们参加各种竞争性的活动，并且在团队中相互挑战。这样可以帮助学生更好地认识这项运动的重要性，并且增加他们的团队合作精神。此外，教师必须让学生认识到，一个人的能力取决于他如何应对外部的挑战，并且培养学生个性中积极的部分。因此，学生要以积极的、阳光的体育态度去进行篮球技术的训练与比赛，真正领略到篮球运动的魅力，达成"教球先教人"的教学思想，以人带球，达到合作教学的教学理念。

（二）以球育人的教学理念

通过篮球训练，教师可以提高学生的自主掌握能力、社会适应能力，培养学生的探索精神、奉献精神，从而达到以球技为基础来培养人才的教学目标。在合作教学模式中，每个小组和每个成员都可以通过协作来提高自己的球技，并且可以为整个团队带来更大的战斗力。然而，每个小组和每个成员之间的能力提升并非一蹴而就，而是需要通过积极的合作来实现，才能真正达到最佳效果。通过采取有效的、科学的训练方法，可以大大提升学生的篮球技能；此外，小组之间的竞争和对抗，也能够让他们更

加深刻地理解尊重他人的重要性，从而获得宝贵的胜利体验。通过训练，学生可以深刻体会到汗水和成功之间的关系，并且能够理解信任和默契之间的重要性。此外，学生还可以感受到友谊的宝贵，让学生更加了解队友，并且更加珍惜友情。这样，教师就能够让学生真正感受到篮球的魅力，从而实现"教球育人"的教学理念，即通过球来培养人。

（三）出类拔萃的教学理念

"出类拔萃"意味着个人特质与其他人不同，这种特质可以用来衡量一个人的智慧和技巧。在篮球课堂上，这种方法可以帮助教师将课程按照不同的方向进行，从而提高课堂效率。在篮球比赛的团体协作方面，运动员必须能够更好地发挥个人的潜能，并且能够更好地为团体带来更多的成就。为了达成这一目标，每个人都应该尽最大的努力来提升个人的素质，并且让团体成员能够更好地发挥他们的潜能。通过不断挑战和改进，学生不仅能够在课堂上有优异的表现，而且还能够在团体中取得更大的进步，从而获得更大的发展空间，更好地适应现代化的环境。篮球运动对于一个团队来说至关重要，因此教师需要对每个成员进行严格的训练，既注重培养运动技能，也注重培养个性。此外，运动也能够帮助培养个性，提高团队凝聚力，增强团结协作能力。篮球并非一种只为了让学生的肌肉健康和智力高超的体育活动，相反，它更多的是一种挑战和机会，可以帮助学生提高自己的创新能力和自主思考的能力。因此，在这项比赛中，获得高分和卓越的表现，既需要严格的指导，又需要良好的训练。

（四）齐心协力的教学理念

齐心协力意味着小组成员都有相似的观点和愿望，并且会尽全力去完成。打篮球就是这种团结合作的体现，因为它的规则需要每个参与者都有相似的目的和计划，并且能够在相对稳定的场地上展开竞争。通过合作教学，教师发现，一种有效的方法来促进团队的发展，就像一支强大的军事集训队一样。这种方法不仅仅依靠集体的智慧，还依靠团队的凝聚力。通过不断的交流与沟通，教师发现，一支强大的军事集训队不仅仅依靠集体的智慧，还依靠团队的凝聚力。此外，一支优秀的军事集训队还依靠每位成员的专业知识、经验、纪律等，这些都有助于他们的军事表现。为了建立起强大的球队实力，教师需要把每位学生的技术、智慧、经验等综合起来，并且把他们的优势、潜质等有机地融入每个小组中，以此激发他们的积极性，培养他们的协作精神，让他们在不断的比赛中发挥自己的优势，从而更好地应对各种新的挑战。

四、合作教学法应用于篮球训练的教学重点

（一）以人为本，合作共赢

通过采取合作的方法，教师将学生置于首位，这也正是这种方法的显著特色。与传统的体育课相比，篮球运动更加注重激励，教师要鼓励每一位参与者都展现他们的才华，并且遵守相关的比赛规则。这种方法旨在提升每一位参与者的实践技巧以及独立思考能力、创新思维能力。采用合作学习的方法，可以增进学生之间的了解，提升学生的自主学习能力，拓宽他们的眼界，提升他们的创造力。合作学习能增进小组成员彼此的友谊，营造一个和谐的教学氛围。

（二）积极沟通，建立信任

在篮球教学中，沟通是至关重要的。篮球教师应该在初期就建立起一种相互支持的机制。只有通过积极的沟通，才能增强小组成员之间的信任，并促进团队的协作。篮球教师应该用真诚的态度来传递他的教学理念，并通过一些方法和手段来营造一种积极的沟通氛围，促进小组成员彼此的信任。在训练中，应该强调团队的荣誉感，并且让队友之间的承诺变得有意义。此外，还应该灌输"合作很重要"的基本原则。通过与同伴的交流，小组成员可以更好地理解对方的想法，并分享自己在训练和比赛中的经验。这有助于增强组员之间的信任，并提高团队协作的默契程度。同时，小组团队还可以通过与其他团队的沟通，发掘各自的优势，并相互借鉴，以便更好地发挥自己的长处。此外，篮球教师也可以通过与学生的沟通，帮助他们找到自己期望展示的方面，并加以指导，从而建立权威和信任，展现篮球教师的魅力和才能。

（三）公平民主，尊重个性

在篮球课堂上，教师应该建立一种充满尊重和和谐的氛围，让所有的小组成员都感受到被尊重和被认可，充分挖掘和表现自己的潜能。教师应该给予所有小组成员一个公正的、机会均等的环境，每个学生都可以得到充分的指导和表现机会。教师应该相信每一位学生，尊重他们的天赋，培养他们的团结合作精神，让他们感受到团队的力量，把握机会并充分利用每一次机会，让每一位学生都可以展示出自身的潜力，为团队的成功做出贡献。

（四）灵活多变，目标如一

通过采用灵活的方法，教师可以更好地指导和培养学生的团队协作精神，可以帮助每一位成员通过团队协作来实现学习目标。在篮球课堂上，教师应该注重培养学生的合作精神，并通过多种多样的教学手段来提高他们的团队合作能力。通过营造良好的课堂氛围，教师可以更有效地激发学生的积极性，并让他们更加深入地了解并掌握所需的技能。

（五）循循善诱，激发潜能

在这种合作的教学方法下，教师可以创造一个有挑战性的环境，让学生一起探究，并且互相帮助，最终找出最佳的方法。教师应该根据课程的内容来安排课堂活动，并且遵循学生的思维方向，帮助他们了解并熟练地运用所学的知识。从基础开始，一步一个脚印地加强，让学生慢慢地把所学的内容都熟练地运用起来。这样，学生就可以很好地把所学的内容组织起来，从而最好地了解和运用，避免了一味地死记硬背。事物的发展是由量的积累到质的飞跃，为了让每个学生都可以实现这一目标，教师必须继续努力，不断探索、改进、突破、创新并不断超越，以此来实现最大的效果。篮球教师应该挖掘每个学生的潜力，培养出其独有的技术和风格。

（六）主动探究，相互借鉴

采用合作教学模式，应该将学生放在最重要的位置，并让篮球教师协调指导。这样，学生就可以通过积极的思考和实践，不断地发展和完善他们的技能，并且更好地应对挑战。主动探究旨在激活学生的潜力，让他们发现自己的弱点并尝试新的方法来应对挑战。这并非一种单纯的孤立行为，而是一种乐于尝试的行为。在团队协作的情况下，学生会彼此交流，共同努力，克服困难，共享成果。为了提高学生的学习效果，篮球教师应该创造多样的环境，并为每个学生提供明确的支持，以激励学生的学习兴趣，培养学生的团结协作精神，并提升学生的自我认知能力。

（七）相互监督，互相激励

通过采用有效的管理措施，可以维护团体的协调性，从而促使团体成员彼此关系融洽，激发团体的活力。在15人之内的篮球团体，最佳的小组结构应该由2~3个成员构成，过少或过多都会影响整体运行。小组之间保持平等竞争是管理的核心，篮球教师必须认真对待每个成员的性格特点及技术特点，尽量尊重每个成员的独立思考和个人能力，并且确立一个适当的团体规则，以避免因个人利益冲突而导致团队冲突。篮球教师要制定小组之间的行为规范，设立小组领导者，培养学生的管理才能和大局意识。篮球是一项团队协作的运动，因此，在小组中培养学生的团队精神是非常重要的。为了建立良好的小组文化，并促进小组间的竞争，篮球教师应该经常召开小型会议，帮助小组成员快速成长，并能够更好地管理小组，传递教师的目标，实现合作教学的最佳效果。

五、合作学习理论应用于篮球训练的实践价值分析

（一）合作学习仍在集体教学的基础上进行

尽管篮球课程的教学模式多样化，其中包括小组活动和集体教学，但其实必不可少的仍然是教师传授的专业篮球知识和技术，因为它们构成了整个篮球运动的核心，也是最重要的部分。为了提高课堂效果，教师需要根据每位学生的特点来制订课堂计划，并采取适合他们的方法。这样，教师才能让课堂内容既有普遍意义，又有独特的魅力。为了实现这些，教师需要让每位学生都有机会参与课堂，并且充分发挥他们的潜力。篮球是一门需要大量练习的体育项目，因此教师需要重新设计教学方法，营造良好的团队协作氛围，通过小组活动来提高学生的学习能力。在这种新的模式下，教师将会扮演越来越重要的角色，并且能够建立起一种公正的氛围。

另外，在篮球比赛中，团队协同的重要性比个人的贡献更大。所以，教师采取的是一种以团队合作为基础、个人指导为补充的方法。

（二）篮球课合作学习遵循因材施教的原则

篮球教学合作学习的本质就是因材施教，有教无类。针对篮球教学则是篮球教师根据教学大纲，针对不同情况的学生做出不同的学习要求。根据这些不同的要求，制订专门的学习计划，选择适合的教学方法、教学内容，充分激发学生的学习潜能。这种合作学习的教学方法，有助于学生根据自己的心理倾向和性格特征，更好进行知识技能的学习，这一点在心理学的研究中也已经得到了验证。从客观情况来看，学生由于学习能力、学习基础、学习方法、学习态度及智力水平上存在着个体性的差异，这些差异导致同样的教学方法不能被所有学生承受，所以因材施教的重要性就体现出来了。将学生分为几个小组，每个小组中的学生都是能力与接受程度相近的学生。对此，从每个组别的实际情况出发，因材施教，设计不同的教学内容，争取使能力强的学生更进一步，能力较弱的学生跟上整体步伐，提高整体教学效率。

（三）篮球课合作学习的基础是协作

通过小组合作学习，教师可以取得良好的教学成果。这种学习模式不仅可以提高个人的学习效率，还可以增加集体的凝聚力和互信，从而更好地推动学习的发展。

1. 个体资源得到共享

每个人都有自己独特的方法来获取信息，因此，通过小组内部的信息交流，教师可以让每个人的信息获取量都达到最高水平，从而提升整体的信息资源获取效率。

2. 讨论促进问题研究

小组合作有助于促进交流，培养团结协作精神。在互动交流中，学生可以培养独立思考能力和合作精神，并且可以为他们日后参加比赛做准备。此外，小组合作还可以为篮球课堂带来一定的娱乐效果，并且有助于培养学生的实践能力。

（四）篮球课合作学习中协作型目标结构为学生提供了动力

莫顿·道奇（Morton Deutush）的目标结构理论分类如下。①协作型目标结构，即所有参与者都应该朝向一个相互支持的方向前进，以实现彼此的期望，从而达到最终的目的。②竞争目标结构，即各参与者之间的相互挑战，以达到最终的胜利。当两个学生都没有达到预期的效果时，就会形成一种矛盾的状态，即每个人都必须在另外几个学生的努力下才能实现自己的目标。③个体化目标结构。在这种结构模式下，小组内每一个个体之间基本没有联系，各自独立。

这三种模式导致的结果也是截然不同的：①通过建立起紧密的伙伴关系，以及建立起高效的沟通渠道，可以使得小组中的每位成员都可以发挥出最大的潜力，从而实现最佳的效率；②竞争性的方式可能会导致小组内部的互相怀疑和矛盾，这可能会妨碍小组的协同工作；③个性化的方式则更加注重小组的综合表现，可以更加全面地考虑到小组的各项因素，从而更加全面地提升小组的综合素质。

（五）合作学习尊重并利用学生的差异

通过实施个性化的教学，教师希望通过合作来培养学生的自主思维和创新能力。这种做法旨在通过尊重和培养不同水平的学生，来实现对他们的全面提升。教师将努力探索出更加有效的教学模式，使所有学生都有机会获得更好的成长。通过采取小组合作的方法，教师可以充分考虑到个人的优势，并且通过把他们划分到不同的团队中来实现更加个性化的教育。与传统的单向的课堂相比，教师更加注重培养个人的创造力和团队协作精神，从而更加全面地提升个人的综合素质。

（六）篮球课中不同小组活动可以营造出一种和谐的课堂氛围

在教室里，良好的教室环境是非常关键的，它可以激发学生的好奇心，唤醒他们的探索热情，让他们感受到学习的乐趣。通过营造一个活跃的教室环境，可以让学生的思维变得活跃，让他们的注意力变得专注，从而使他们的学习效果变得更好。在教育过程中，教师的责任就是通过有趣的方式来促进师生的沟通，建立良好的沟通渠道，激活课堂气氛，提高整个班级的凝聚力。特别是在运用篮球技巧时，教师应该鼓励学生积极参与，培养团队的凝聚力，激励他们的竞争性，同时也培养了他们的沟通能力。在过去，这种教学方法注重人文关怀，并且在课堂气氛中营造出一个和谐的环境。

（七）篮球课合作学习需要充分发挥教学评价的功能

随着科技的飞速发展，越来越多的教育机构开始采取更加灵活的评价机制，以更加客观的视角和更加全面的评估结果，以及更加灵活的评价过程，以此来更好地激励和培养学生的自主思考能力和创新精神，从而提升课堂的质量。在传统的教学模式下，那些表现平平的学生变得越来越抗拒，他们拒绝和表现优异的同学交流。由此可见，在当前的课堂考核体系下，大多数学生依旧无法获得良好的表现，他们的发展前景令人担忧。通过引入合作学习的教学方法，教师可以让每一位学生都参与到小组中来，增强他们的协同配合意识，并根据每一位学生的表现来给予适当的奖励。这样可以有效地改善课堂氛围，帮助每一位学生都有机会发挥自己的潜能，从而实现共同的发展。通过对照检查自己，可以发现自己有所改善；而把自己放入团队，为团队的发展做出贡献，可以让每个学生都从团队的发展中受益，从而实现彼此的共赢。通过小组合作学习，教师旨在帮助每个人都取得进步。教师采用标准评估法来衡量每个小组的表现，这种方法既科学又有效。

第五章 高校篮球的基本科学化训练方法概述

第一节 篮球运动体能、技术训练的理论与方法

一、体能与体能训练的基本内涵

体能是人体引发运动的心肺功能支撑的大小，取决于人体运动系统动力学应用的强度与范围。体能不仅仅涉及体力，还涉及精神力量，如思维、情感、反馈等。

体能训练又叫体力训练，是一种大负荷训练，目的是发展身体机能潜力，是一种时间较长、强度较高、持续工作的能力。体能训练的最大特点是对人体各个器官和系统机能的超负荷适应训练，目的是产生体能和心理适应能力，最大限度地发挥机能潜力，最终达到提高整体运动能力和培养顽强拼搏精神的目的。体能训练的内涵应是对人体系统的训练，发展走、跑、跳、投等能力，体能训练更重视系统性、整体性和综合性。体能训练针对运动项目的特点和人体系统的特点，运用运动解剖学、运动生物力学等学科的专业知识，将其作为人体运动理论基础，通过学科交叉，借鉴其他领域的优秀成果和先进经验，实现运动员的体能协调发展，遵循训练的规律，有针对性地训练人体运动系统骨、关节、肌肉及运动辅助系统，优化运动训练的大系统。体能训练的系统具有动态性和可持续性，在明确训练目的的基础上，根据训练目的、训练者的具体情况有针对性地、分阶段进行体能训练。体能训练由基础体能训练、专项体能训练和综合体能训练三个部分构成，它们互相作用、互相影响，这三个系统在时间上并没有先后阶段，主要根据训练者的运动水平、目标等方面确定。

二、篮球运动对体能素质的要求

（一）对速度素质的要求

速度可谓是现代篮球竞技中至关重要的因素，它决定了团队是否能够取得优势。与传统体育项目中的慢跑相比，现代篮球竞技更加注重精细化，节奏感更加强烈，因此，要想取得优异表现，就必须把握好这两个方面，并且要有足够的耐心去实现自己的梦想。篮球比赛需要充满活力的竞争，选手必须拥有灵活的反击能力，并能够迅速地适应不断的进攻。此外，他们也需要保持良好的身体素质，才能够更好地完成比赛。篮球比赛对运动员的速度和灵活性要求较高，并且要求运动员能够适应各种情况。篮球运动员的身手敏捷程度可以通过多种方式来衡量，如移步、快速启动、精准的技巧操控、快速的进攻、高效的防御、快速的攻防转换、高效的反抗、出色的控制力、出色的传递和精确的投篮。其中，快速的进攻能力是关键，而高效的防御则为后续比赛提供支撑。在篮球比赛中，运动员需要不断地努力，既保护自己的阵地，又能够发动进攻，这样才能获取更好的战绩。因此，篮球选手必须具备足够的速度、最佳的技巧和策略。为了获得最佳表现，运动员不仅需要观察、判断、反应，而且还要利用各项技术、战术的精准把握，提高动作的频繁性、节奏的灵活性、重心的稳定性，并且能够有效地将攻守转换的战术变换得流畅、有序。显然，加速和快速奔跑才能真正体现出一个人的快慢，这才是真正的快慢之道。

（二）对力量素质的要求

力量素质是篮球运动员掌握和完善专项对抗能力、专项速度、专项技术的基础和保障。力量素质的重要组成部分之一就是肌肉。肌肉可以帮助人更好地适应各种环境，更好地控制自己的身体。在篮球比赛中，进攻和防守的反应、跳动、加速与拼抢，以及防守与攻击的有效性无不取决于力量素质。例如，一名优秀的运动员应该拥有优秀的腿部、手臂、肩膀、臀部等多个关节和肌肉力量，能够灵活地调整姿势，使自己的身体保持平衡。在比赛进行时，若想获得更快的进攻，就必须拥有优秀的身体协调性以及优秀的反应速度。此外，还应该拥有出众的弹跳力，这种能力可以通过增加腿部的力量、提高腰腹的紧张度来实现，而且还可以通过增加手臂的灵活性来实现。一场精彩的篮球比赛，除了要求参赛者具备高超的技术外，更重要的是他们的力量素质。为了保证他们的表现，他们的身体应该拥有足够的耐久性，以及高效的反应时间。综上所述，根据篮球运动的动作结构和用力特点，一名优秀的篮球运动员必须具备良好的弹跳力、躯干肌力和上肢力量。就力量素质而言，篮球运动员主要具备爆发力、快速力量和力量耐力。

（三）对耐力素质的要求

耐力是指机体坚持长时间运动的能力，教师一般将与专项运动成绩关系密切的耐力称之为专项耐力。篮球比赛场地小、强度大、对抗性强，为了保持战斗力，双方频繁换人，这些特点要求篮球运动员首先要具备良好的无氧耐力，尤其是保持高强度、爆发式运动的能力，也就是长时间反复进行短距离的高强度运动的能力。长时间是指净比赛总时间长，反复是指各种急起、急停、跳跃、滑步等动作，在一场比赛中需要重复一百多次；短距离的高强度运动是指急起、急停、跳跃、滑步等脚步动作的实际距离较短，但都属于极限、亚极限运动。篮球运动的专项耐力主要体现在保持反复进行的短距离、高强度间歇运动的能力。在40分钟的篮球比赛中，攻防节奏不断变化，运动员机体必然进行有氧代谢，因此篮球运动员也需要良好的有氧耐力。

（四）对灵敏素质的要求

篮球是一种需要高度敏捷性和精湛技巧的体育活动，因此运动员必须拥有出色的身体素质和心理素质，以便更好地完成比赛。灵敏性的标志是运动员快速、有效、爆发性的身体移动，同时保持身体平衡的能力。

三、篮球运动体能专项训练的方法

（一）篮球运动力量专项训练

1. 负重半蹲练习

将杠铃置于低于双肩的位置，使其微蹲就可以把杠铃扛在双肩上。将两只手紧紧抓住杠铃的柄，并将两只胳膊向前伸展，构建出一个稳固的框架，防止杠铃从三角肌的末端向前移动，同时也要小心不要将其过度挤压到颈椎处。将身体稳定地坐好，将手臂放在杠铃的正中央，然后慢慢把身体向前移动，尽量保持身体的正常姿势，并保持稳定。双脚左右开立略宽于髋，略微上抬双眼和头部，上提双肩和胸部，收紧后背，随着臀部下蹲，直到大腿与地面平行，此时不能使杠铃弹起。保持整个重量平均分布在双脚上，背部收缩，起身，伸直膝盖和髋关节，扛起杠铃。结束练习时，保持臀部在身体正下方，双脚走至支架，下蹲放下杠铃。

2. 悬垂提拉练习

双脚左右开立与髋同宽，杠铃处于胫骨处。将两只手放在一起，并将杠铃放在胫骨附近。然后，让它们尽量接触到臀部，并让它们稍稍向前倾斜。通过使用两条腿的力量，将杠铃抬起，使它们抵达臀部。在提拉过程中，要求手臂伸展到最大限度，然后用力拉动腰、腹、尾椎。在手肘处，手掌要尽量垂悬，然后将手肘朝下拉。在提拉时，手肘朝下，紧靠在胸口。在将杠铃抬起到肩膀高处的同时，要稍稍弯曲双脚，避免腰部和臀部的过度负荷。然后，缓缓地将杠铃放回原位，让它沿着大腿向前移动，避免腰部和臀部不必要的负担。最终，将杠铃放回到膝盖的位置，站直身体，为接下来的训练做好准备。完成所有练习后，轻轻将杠铃置于脚下。

3. 完全提拉练习

起始动作与悬垂提拉练习一样。之后，保持杠铃贴近身体，头部和双肩稍稍向前倾斜，通过双腿的蹬伸将杠铃抬起。注意此时的腰腹应该绷紧，并且两只胳膊应该伸展。将手臂用力地抬起，将双腿、臀部和腰部紧紧地绷紧，将杠铃稳稳地抬起，使其与身体紧密结合。随着杠铃的抬高，将其移至胸口的一边，同时将其移至1/8~1/4的范围，将手掌紧紧地抓紧，以便将其稳稳地抬起。为了避免肌肉紧张，请将手臂稍稍弯曲，保持平衡。接着，将手臂向前移动，轻轻按压杠铃，让它在手臂和臀部之间移动，避免肌肉拉伤。最终，将手臂抬起，保持平衡，继续进行训练。

4. 地面完全提拉和高提拉练习

（1）开始

请将身体向两侧展开，使两腿之间的空隙大小相等。将杠铃放置在腿部的胫骨附近。将两只手分别放置，并且尽量使它们的间隔大些。屈膝下蹲做第一次提拉动作的准备时，身体保持挺拔，并且两个肩膀的水平面都超出了杠铃。

第一次提拉时，肩膀高于杠铃杆，并保持背部伸直。然后，慢慢抬起腿并将杠铃放在臀部附近。注意不要猛烈拉动杠铃，以免它离开地面。最后稍微提高臀部，以便为下一次提拉做好准备。

在第二次提拉时，尽可能地将手臂展平，然后用力地将腿、腰、胸和尾椎都往上抬起，同时将双肩朝后，将臀部朝前，尽可能地将杠铃紧紧地靠在自己的腰腹处。在正式进行提拉动作之前，要先将双腿绷紧，使其与自己的腰部紧密相连。

（2）完全提拉结束

当杠铃提至胸部以上，开始下降以便其置于肩膀之上时，请将重物从腰间抬起，下降身体形成1/8~1/4范围内的蹲位，同时将手臂向外伸展，使其与重物保持平衡。将杠铃稳稳地抬起，并保持膝盖的弯曲。缓缓将杠铃从头顶向脚尖移动，轻轻弯曲腰部，让它顺着大腿的方向缓缓落下，避免让腰部和脊椎承受太多的负担。确认自己的肩膀高出杠铃，腰部和髋关节都要放松，最终将杠铃轻轻落至脚底。

（3）高提拉结束

将杠铃抬起到胸前，轻轻弯曲膝盖，避免腰部和臀部的过度负荷。缓缓地将杠铃放回原位，让它沿着大腿向前移动，避免腰部和臀部的负担。确保肩膀高于杠铃，然后将腰部和臀部放松，只用一条腿来完成这个动作。将杠杆紧紧握住，使其与腰背平行，一步一步向前推进，直至接触地表。

5. 举重组合练习

（1）完全提拉练习

双脚左右开立与髋同宽，杠铃处于胫骨处。双手分开，正握杠铃。保持杠铃贴近身体，慢慢站立，头部和双肩略微上仰，靠双腿的蹬伸来提拉杠铃。要求后背收紧、挺直，双臂伸直。沿大腿提拉杠铃至膝关节上部，形成抓举姿势。双臂伸直，爆发性地伸腿、伸臀、伸后背提拉杠铃。双肩向后上方延伸，臀部向前上方猛推。双臂开始提拉之前，伸直双腿并延至脚尖，始终保持杠铃贴近身体。当杠铃提至胸部以上，在杠铃开始下降，准备再提拉或要把它放于肩上时，下降身体形成1/8~1/4范围内的蹲位，翻腕顶住杠铃，双肘自然前顶，双腿微屈以减少缓冲。杠铃架于双肩站立。完成完全提拉练习后，开始做前负重半蹲练习。

（2）前负重半蹲练习

稍稍向前倾斜，尽量让身体放松，并且让手臂伸展开来。尽量让身体贴近地面，并且让髋部也贴近地面。要让身体处于正确的姿势，避免身体弯曲。全部精力集中到腿和肩膀，肩膀应该与腿一样高，并且手臂头顶和胸膛靠拢。肩膀应该放松，腰也应该放松。

（3）挺举练习

当杠铃停在双肩前侧时，应该保持1/8~1/4的蹲姿，并且尽可能地将双腿伸直，然后将臀部猛烈地向前推，将杠铃抬至头顶。在完成动作时，应该做一个制动，并且轻轻地屈膝以保持平衡。在自己的控制下恢复杠铃至起始位置，即双肩前侧。通过屈膝来减轻压力，然后慢慢将杠铃向下移动，避免背部过度疲劳。站立时，要保持直臂，将杠铃紧贴身体。完成挺举动作后，可以开始进行直腿下腰胸前提拉练习。

（4）直腿下腰胸前提拉练习

直腿站立或微屈膝，整个过程中保持身体的平衡，沿双腿下落杠铃至双脚正上方。保持后背伸直，慢慢恢复到直立位。可以根据需求来重复做完全提拉练习，如完成提拉、前负重半蹲、挺举和直腿下腰。最后一次重复时，要抬起头和肩，后背绷直，手肘向前，尽量将杠铃拉到最低点，并且要保持自我控制，将杠铃稳稳落到地面。

（5）腿部负重蹬伸练习

将后背伸直，臀部贴合护垫，躺在腿部蹬伸训练器和臀部滑动训练器上。利用把手轻轻地将臀部贴合护垫，特别是当身体处于最低点的时候，一定要记得避免让身体脱离护垫。然后轻轻地放下安全阀，让身体的力度达到极限，以至于身体能够轻易地抓牢。下降重量直到大小腿成75°~90°角，并且身体的所有关节都保持紧绷的状态，髋关节就会处于一个安全的位置。再缓缓上推力量，尽可能地将双腿全伸。当一组训练完成时，请打开安全阀，并逐渐降低体重。

（6）俯卧屈腿练习

将脸朝下，躺倒在屈膝训练器上，让脚踩着训练器的底座。如有必要，两只手可以抓紧训练器的按钮。膝盖往上弯曲，使脊柱与训练器的底座接触，然后缓缓回到原来的姿势。还可以尝试用一条腿来进行这项锻炼。

（二）篮球运动速度专项训练

1. 反应速度

（1）反应练习

按照口令，练习者需要立正、稍息、向左转、向右转，并在听到信号的时候加快速度。在慢跑时，可以在听到信号后突然加速，冲刺10米，重复这个过程。

通过快节奏的慢走和跳跃，在原地和前方的路上不断前进，在收到指令时，迅速以10~20米的时长跳跃，重复这一过程。

在比赛中，教师将首先采取俯卧姿势，然后在接到发射信号时，快速收回双脚，并在10~20米的距离内完成。接着，教师将背靠着前面的队伍，在接到发射信号时，快速旋转180°，并在20米的距离内完成。通常，这种训练需要2~3次，并且需要2~3组，组间休整5~7分钟。

在发出信号和指示后，练习者以20米的距离开始比赛。比赛的时长和组别将取决于参赛者的能力，比赛期间需要进行5~8分钟的休息。

当听到信号时，应立即加快步伐，无论是慢跑还是其他运动，都应该按照口令或信号的指示进行10~20米的跑步。

通过对不同的声音进行训练，学生可以学会如何进行多样化的运动，包括滑行、跳跃、旋转、紧急刹车、投掷、踩踏和其他技巧。

通过不断的练习，教师可以通过听信号和练习编号来提高自身的技术，能够更好地接传不同方向的来球。

几个人排成一排，教师在他们身后抛出一个球，练习者在看到这个球后迅速起来，准备接住它。

教师提供多种方向的球，练习者可以随时调整方向进行截击。

通过使用电子反应器，教师可以观察不同的信号灯，并使用手或脚来控制反应时间。

（2）发展反应速度的技术动作

双手支撑地面，双腿交叉成弓形，听到信号后迅速起跑。或者，在进行弓形交换练习时，也请听到信号后迅速起跑，跑出10~20米。建议进行3组，每组进行2~3次。

蹲踞式起跑，听从指挥，快速起跑。每组训练3次，重复3次。

在发出信号后，以30米的全速开始，按照事先设定的速度标准，以蹲踞式起跑的方式进行比赛。

在听到信号的指引下，从原地开始倒退5~10米，然后在听到信号的指引下，迅速转向前方，继续倒退10米，在此过程中，身体不能后仰，而且可以按照计时器来进行。

在跑步过程中，需要快速地做出前滚翻，并以蹲踞的姿势跑20米。这需要遵守技术规范，并且可以在指定的时间内完成。在准备好蹲踞姿势后，应该立刻听到信号，并以这种方式开始跑步。

在原地进行高抬腿训练，在收到信号后立即起身，跑出10~15米的距离。

在听到信号的指引下，从原地开始倒退5~10米，然后在听到信号的指引下，迅速转向前方，继续倒退10米，在此过程中，身体不能后仰，而且可以按照计时器来进行。

在发出信号后，以30米的全速开始，按照事先设定的速度标准，以蹲踞式起跑的方式进行比赛。

2. 动作速度

（1）动作速度练习

双腿并拢，以弓箭步的姿势站在一起。按照指示，可以在20秒内进行一次快速的左右摆臂训练，并且要保持一个适当的节奏。重复这个过程2~3次，并在组之间休息3~5分钟。

保持坐姿，然后在肋骨、墙壁和其他物品的帮助下，进行10~30秒的快速高抬腿。建议每次进行4~6次，并保持5~7分钟的休息。

躺下时，双腿迅速地向前伸展，使用双膝的力量来支撑身体。每个姿势持续10~30秒，重复进行。抵御障碍的训练，如使用橡筋来支撑身体，橡筋的另一头应该比身体的另一头略微低出20厘米。此外，可以先使用橡筋支撑身体，然后用双膝支撑身体，来加强身体的抵御能力。

将双臂紧贴在一起，双脚同时向上举起，然后迅猛地将双脚向上举起，以达到最佳的效果。每组运动的次数为20~50次，共进行2~3组，组之间休息3~5分钟。

在10米左右的距离上，以快速小步跑的方式进行加速跑，在这个过程中，要保持一定的频率和节奏，20~30米的距离可以让身体得到放松，重复的次数和间歇可以参考"快速小步跑"。

跑步时，要保持高抬腿的姿势，并且保持10米的距离，以保持节奏和前摆腿的高度不变。重复这个动作的次数和间歇时间也应该相同。

在行进间，可以通过快速的高抬腿来锻炼身体。为了保证效果，可以重复这个动作4~6次，并在间歇期间保持一段时间。

在原地，以3~5次的频率进行高抬腿跑，每次持续10秒，然后再以2~3组的频率进行接力，每组持续7~10分钟。

通过使用机器人操纵的旋转跑道，可以实现更加精确的高频跑，其中的速度可以略慢于实际的跑步距离，以达到更好的效果。为了达到最佳的效果，建议将时长设置为10~15秒，分为2~3组，并且组之间保持8~10分钟的休息时间。

为了提升跨栏角的效果，建议将栏杆设定为10~12米的范围，并且在快速的跨栏运动时，要求腿部的摆动和跨栏的角度保持一致，以达到最佳的效果。建议分为3~4组，并且组之间保持5~7分钟的时长，以便达到最佳的跨栏效果。请重复以下步骤，并增加重复的频率。

在5~6个低栏之间，保持1.5~2米的间隔，进行快速的跨栏训练。要求动作迅速，节奏明确，并且保证跨栏动作正确。每组训练次数为5~7次，重复2~3组，组间休息7~10分钟。

通过3步的短暂的助跑，将双脚抬升到与髋部保持一定的距离，随即双脚迅猛地朝天挥舞，尽可能地加快移动的步伐，直到脚跟着陆。组织5~10次，并在2~3组之间进行循环，组之间休息3分钟。

请跟随音乐的节拍，以3步的距离开始运动。在运动中，请以较慢的速度进行助跑，并在5~7步的距离内进行跳跃。请记住，运动的次数应在7~10次，并在组之间休息3~5分钟。

全程助跑跳远，在开始时以10~20米的速度进行加速跑，然后在开始时进行蹲踞式跳远，并在开始时保持果断。重复这一过程7~10次，间歇5分钟。

将身体向左右倾斜，并在左右膝盖之间保持平衡。迅速地完成这个运动，并保持身体的稳定。可以分成3~5组，并在组之间休息2~3分钟。

请将双脚并拢，然后朝同一个方向进行20~30米的跨步运动。注意跨步运动中保持双膝伸直，并尽量加快节奏。重复这个运动4~6次，并在组之间休息3分钟。

站立，双臂向前伸展，然后以10米的距离快速跳跃，尽量以摆动腿的方式发力，动作频率要尽可能快，重复4~7次，可以根据需要设定时间。

站在投掷位置的两侧，右手握住铅球，左腿往前一大步，然后右腿往前伸直，重心移动到右腿，快速转动右腿，向左转动，将铅球推动。需要转动速度快，出手较快，铅球重量在2~3千克，每组训练7~10次，反复2~3组，组间休整3分钟。

使用投掷标枪的方法，通过交叉步的方式进行助跑，并迅速地挥动双臂，把球抛到空中。这需要良好的技巧和迅捷的抛射能力，建议反复进行10~20次，并保持2分钟的休息时间。

在原地分腿上跳，同时用双臂伸直，双脚交替抓住脚尖，以较快的速度完成5~10次，可以根据需要调整时长，重复3组，每组间歇5分钟。

跳跃：从地面开始，以360°的角度跃起，然后在空中连续跳跃10~20次，注意保持速度，不需要跳得太高。反复这个过程2~3次，每个时间5分钟。

跳跃和转体是一项需要快速完成的运动。首先，跳跃者需要三步助跑；其次屈膝上摆，在高空转体180°~270°；最后，跳起腿下落。在转体过程中，需要维持躯干的垂直。每组运动需要持续进行5次，并反复这一过程，每组之间休整3分钟。

将单杠放在地面上，然后将身体向后倒，并以180°的弧线前摆转体跳下。为了获得最佳效果，请尽量保持快速的前摆转体。每组动作5~8次，反复完成2~3组，组间休整5分钟。

站立时，面向吊绳，将1个高跳箱安放在身后，三步助跑起跳手抓住吊绳，收腹抬腿，脚踩在跳箱上，迅速完成180°的支撑转体动作，特点是动作迅速、连续，每组5次，反复3~5组，组间休整5分钟。

在这个过程中，学生需要保持一个稳定的姿势，并且在开始时保持良好的呼吸和心率。学生需要用一只手握住悬挂的绳子，然后向180°的方向旋转，并且保持10~15秒。

将身体转向一侧，手握撑杆，助跑七步，然后快速跳跃，并在跳跃过程中快速抬起双腿。每组跳跃7次，反复这个过程3~5次，组间休整3分钟。

站立，将重沙袋悬挂在头顶，然后进行原地扣篮球操作，迅速挥臂拍击沙袋，一次持续3~5秒，中间休息5~7分钟。

（2）发展动作速度的技术动作

在训练动作速度时，应该注意控制速度。通过练习，可以获得最佳的速度。为了克服速度障碍，可以尝试使用不同的速度来练习。通常，可以采用先慢一点再快一点的节奏来练习。除了提升速度力量，增强其他能力也是促进动作速度的重要手段。

通过计时计数的方式迅速完成各种力量练习，包括推倒立、臂屈、俯卧撑、两头起、背屈伸、引体上升、规定间距的快速倒立等。这些练习需要极快的反应，并且要有良好的耐性和决心。

通过10~20次的原地跳跃和720°的转身运动，加上适当的计时，每组运动量在2~3次，以此来提升身心素质。

跑步时，三步助跑起跳，然后屈膝上摆，在高空转体180°~270°，直至起跳腿落下，尽可能快地转体，但不能出现屈体动作。每组练习3~5次，可以达到最佳效果。

快速翻转练习：连续毽子接小翻；连续快速侧手翻；连续快速后手翻；在弹板团身前空翻、后空翻等。要求动作正确，翻转速度快，连续进行。摆臂：摆臂方法和短跑摆臂技术相同。可以击掌或口令控制摆臂速度和节奏，可由慢—快—最快—慢练习。要求严格按短跑摆臂技术进行，注意动作节奏。

在120米的跑步距离上，每跑10米就要进行一次快速而果断的冲刺动作，以确保每次冲刺都能够顺利完成。

在进行弓箭步交换跳训练之前，请确保身体始终处于正确的位置，并在原地迅速转身，以便在不断的跳跃中维护良好的弓箭步姿态。

在跑步过程中，要求腿部尽量向前摆动，保持中速，每次跨步跳1步，连续跨跳10次，若距离固定，则需要计时。每组练习可以分为3~5次，以及2~3组。

3. 位移速度

（1）位移速度练习

通过快节奏的小步跑和20~30米的加速跑，可以提升体能。尽可能地提前启动，并以较慢的速度训练。

在跑步过程中，需要保持较慢的速度，并在接收到指令之前保持抬腿的姿势。在加速跑的过程中，需要保持抬腿的姿势，并且保持加速的速度。建议分成2~3组，并在组之间休息5~7分钟。

在5~7步的缓冲运动之后，以20~30米的距离开始，以迅猛的步伐完成后蹬运动。需要保持腿部平衡，并且尽可能地将腿部朝前移动。建议分成3~4组，并且在组间休息7~10分钟。

在行走中，需要在20~30米的距离内使劲往前推，然后在接收到指令的情况下，以较高的速度加速，以达到最佳的效果。组之间的时长为7~10分钟，每组需要完成2~3次，以达到最佳的效果。

从2~4米的距离起，先进行10~15米的单足跳，然后在接收到指令的情况下，加速跑至20~30米，在完成一次跳跃之后，再进行加速跑，力争在短时间内完成，组间休息5~7分钟。

在2~3组中，首先进行5米的交叉步运动，随后进行20米的转身运动，以达到最佳的效果。在这个过程中，需要保持运动的正确性，并且保持良好的配合，以便达到最佳的运动效果。组之间的时长为5~7分钟。

通过改为2~3次的加速跑和5米的交叉步运动，教师可以提高运动员的体能。在这种方式中，教师需要保持运动员的运动水平，并且保持运动员的身体和心理状态的稳健。

在倒退跑中，要求跑者以较快的速度向后倒退，并在听到信号后立即加速。为了保证安全，每组可以进行3~5次，并且在组间休息5分钟。

在3~5组之间，以2~3组的方式进行加速运动，在达到最大运动量时，要求在50米、80米、100米的范围内，保持足够的距离，并在组之间休息5~10分钟。

在30米的距离上，以最快的速度跑5~8米，然后以较慢的速度放松，再以同样的速度继续前进，直到达到第二次加速的目的。这种方式可以在短时间内提升体能，并让身心得到放松。每组开展2~3次活动，再重复这一过程，每组之间休息5~7分钟。

在发出信号后，需要迅速转体180°，以半蹲的姿势开始变向起跑，并在起跑和加速跑的过程中保持较快的速度，每组可以完成2~3次，组间歇5~7分钟。

起跑方式有站立式、半蹲式和蹲踞式，每种方式的跑步长度分别为20米、30米、50米或60米，要求保持规范的动作，起步和加速的速度要快，以达到最高的速度。可以采用计数，每组3~4次，反复完成3~4组，组间休整5~10分钟。

（2）发展位移速度的技术动作

发展位移速度的途径之一是提高速度力量水平，改进动作技术，消除多余肌紧张，使动作协调完善，并注意克服速度障碍。发展反应速度、动作速度的一些练习对促进位移速度提高也有一定的积极作用。

双腿并拢，根据口号或击掌声，以20秒的间隔进行有节拍的左右摇晃。这个过程需要动作敏捷，并且保持良好的控制。还能通过进行计时和模仿来进行这个训练。

站立时，请注意听到信号，并在原地保持20~40秒的时间。请确保大腿保持水平，并保持3个关节的正常运动。此外，还可以通过进行行进间的高抬腿跑、小步跑和加速跑来提升运动能力。

保持身体平衡，并以较高的频率前进。保持髋部和腿部的紧张状态，并且尽量保持身体平衡。建议分成3~4组，分别为3~4次。此外，建议使用其他运动方式，如后蹬、加速跑和快步走来提高效果。

在40~70米的距离内，按照后蹬跑技术的要求，先进行一段后蹬跑，然后逐渐增加速度，最终达到60米。在这段距离内，需要保持腿部的伸展，并且手臂要与腿部保持一致。建议每组练习2~3次。此外，还可以通过起跑和慢跑的方式来进行后蹬跑练习。

在50米的距离内进行车轮跑。抬起大腿向前移动，并在落地时迅速抓住地面。建议分成2~3组，每组3~4次。此外，还应该尝试使用车轮跑变为加速跑或大步跑。

通过直腿跑的方式，需要保持腿部的伸展，并用脚跟擦着地面向前移动。这需要动作协调，行进距离在20~30米，并且需要不断练习。

（三）篮球运动耐力专项训练

1. 肌肉耐力练习

训练肌肉的方法和锻炼身体的方法基本一样，但需注意的是，训练的重心更偏向于放松和休息，所需的训练时间和重复的次数也更少。在进行训练之前，需根据每个训练项目的特性和需求，来确定合适的训练方式和强度。常用的练习如下。

通过不断地攀登15°、16°和20°不等高度的斜坡，每次至少要完成5次，每次最长达250米，每次之后休息3~5分钟。此外，还可以通过调整锻炼者的心跳，调节锻炼者的体能，并且选择一种适合自己的锻炼方式，如佩戴沙袋和背心。

将身体弯曲至100°角左右，以50~70米的距离，持续5~7次，每次之后休息3~5分钟，运动的强度在60%~65%，并且保持一个适当的步伐，最后收尾，让身体完全恢复到原状，并且在接下来的训练中，再次尝试15秒的贴墙手倒立动作。

沙滩运动：通过不断改变步伐来适应不同的环境。比赛组数从500~1000米不等，参与者需根据个人情况选择不同的步伐。比赛组之间的时长通常是10分钟，比赛的难易程度从50%~55%不等。

在原地进行汽车轮子比赛，每组50~70次，分6~8组，组之间休息2~4分钟，比赛的难度在55%~60%，或者通过攀爬、依靠其他工具来实现。

每次比赛的长度在100~150米，或者在负重的情况下，比赛长度在60~80米，比赛分为6~8组，组间休息时间在3~5分钟，比赛强度在50%~60%。

将双脚分别置于30~45厘米的平台之上，双脚互相抵抗，每次互相抵抗的次数30~50次，双手保持伸展，身体保持正确姿势，每组进行3~5次，每次之后休息3分钟，每次的训练强度应该是55%~65%。

跑步是一项极具挑战性的运动，它可以让你在80~100米的距离内进行多级跳，每组跳跃次数从30~40次不等，分为3~5组，组间休息5分钟，强度介于60%~70%，若能按照规定的时间完成，则可以获得更好的效果。

在草坪上，以90°~100°的角度，以一次性完整的膝关节屈膝，然后快速完成第二次屈膝，以此来完成一组20~30米（也可以是50~60米）的连续跳跃，组数3~5组，组之间休息5分钟，动作的力量从55%~60%。

在原地分腿站立的情况下，要求每次跳跃的距离在20~30米，每组跳跃的距离在3~5米，组间歇时间为5~7分钟，跳跃的强度为65%。

在篮下持球站立，听到指示后跳起投篮。每组投篮次数为20~30次，共分为4~6组，间隔时间为2分钟。投篮强度为55%。请注意，投篮次数是有限制的。站在篮下，双手握住球，然后跳起，将它投掷到篮板上，等待它弹回来，然后再次跳起投掷。每组投掷30次，分为4~6组，每组之间休息3分钟。投掷的强度为60%，不需要跳跃的高度，但动作必须连贯、协调，不间断。

重复使用实心球进行传接训练，每组50次，分为3~5组，每组之间休息5分钟。训练强度在50%~60%，可以使用1~2千克的实心球。

通过20组的组别，每组30~40厘米的横跨栏杆，以55%~60%的强度进行双腿跳跃的训练，每次持续3分钟。

2. 无氧耐力练习

在开展非乳酸性无氧运动耐力练习时，建议采用5秒、10秒、30秒的原地间歇式高抬腿运动，组数在6~8组，持续时长在2~3分钟。运动的难度应在90%~95%，尽量保持较慢的节奏。发展乳酸无氧耐力的最佳方式是参加1分钟的锻炼，一个100~150次，分成6~8组，每组之间休息2~4分钟。锻炼的强度应达到80%，并且保证动作的标准。此外，还可以参加前支撑的高抬腿运动。

在跑步过程中，需要抬腿跑20米，然后转向加速跑80米。每次跑步需要5~8次，中途需要休整2~4分钟。跑步的强度应该在85%。

在原地和前进中，教师会不断重复这种活动，一组50~70次，一组6~8次，组之间的时长在2~4分钟。这种活动的强度在80%。

在间歇期间，每组运动员需要完成30~40米的后蹬跑，或者60~80米的跑步，重复这些动作6~8次，并在间歇期内持续2~3分钟。

在30~60米的距离上，采用蹲姿或者站姿进行多次起跑，每组3~4次，组间休息3~4分钟。

3. 有氧耐力练习

定期锻炼：在室内、室外、公路或森林中进行10~20分钟或更长时间的锻炼，锻炼强度在50%~55%。

越野跑：在公路、树林、草地、山坡等场地进行。跑的距离要求一般在4000米以上，多可达1万~2万米。如以时间计算，一般在20分钟以上，多可达1小时以上。强度为40%~50%。

法特莱克赛：以30分钟的短暂而又充满乐趣的方式，穿梭于各种不同的环境，从草原到森林，从山谷到河流，从山谷到山坡，让你体验到不一样的挑战。

定期步行：在室内、公路或其他自然环境中，按照指定的时间表或者更快的速度行走，一般持续30分钟，强度可以达到40%~50%。

在场地、公路或其他自然环境中，以1000米的距离、4~6组的步伐，以及40%~50%的强度，以大步快走、交叉步走或竞走的方式，交替进行，持续3~4分钟。

在海滩沙地上，可以选择徒步行走或负重行走，每组步长在400~800米，负重行走每组在200米之内，分成5~7组，间隔时间为3分钟。行走的强度应在60%，心率应控制在160次/分钟以内。

在海滩的沙地上进行竞跑训练，每组长度在500~1000米，分成4~5组，并在3分钟内进行。训练的难度在55%~60%。

（四）篮球运动灵敏专项训练

1. 提高反应判断的练习

（1）按口令做相反的动作。

（2）按有效口令做动作。

（3）在原地、行走或跑步时，可以根据口令的指示，结成一个小组，进行加、减、乘、除的简单运算，比较谁的速度更快。

（4）一对一追逐模仿。

（5）一对一互看对方背后号码。

（6）通过观察信号和手势来快速奔跑、停下来、转弯、改变方向。

（7）不同的姿势可以用来发射信号，如站立、背对、蹲下、坐下、俯卧撑等。

（8）两个人一起跳绳，一个从绳子底部跳过，一个从绳子上跳过。

（9）练习一对一的跳跃、手势、手掌和脸部表情等技巧。

（10）不同的游戏可以让玩家体验到不同的乐趣，如喊出口令、寻找失踪者、争夺座椅、玩捉迷藏以及争夺篮板（一方进攻，另一方防守，攻方队员强行通过，守方主动阻拦，夺取球权）。

2. 发展平衡能力练习

（1）站在一起，双手交叉，虚实交替，让彼此失去平衡。

（2）一对一弓箭步交替站立，彼此之间的虚实交替，拉扯着对方，让他们失去了平衡。

（3）不同的站立姿势包括：仰卧起坐、转动双腿、侧身弯曲等。

（4）倒立的姿势包括头部和手部，并保持一段时间。

（5）在肋木上横跳、上下跳练习。

（6）在进行动作或快速奔跑时，听到信号后立即停止。

（7）在平衡木上做一些简单动作。

（8）发展旋转的平衡能力练习。

3. 发展协调能力的练习

（1）一对一背向互挽臂蹲跳进、跳转。

（2）模仿动作练习。

（3）各种徒手操练习。

（4）双人头上拉手向同方向连续转。

（5）练习脚步移动，包括快速前后、左右、交叉移动，以及以一只脚为中心的转身和跳跃。

（6）做小腿里盘外拐的练习。

（7）跳起体前屈摸脚。

（8）"二踢脚""旋风脚"动作是一种武术技巧。

（9）双人跳绳。

（10）做不习惯方向的动作。

（11）改变动作的连接方式。

（12）使用健美操和体育舞蹈的一些动作来锻炼身体。

（13）通过重复的动作来锻炼肌肉，如快速旋转360°，快速跳跃，快速摆臂，快速俯卧撑。

4. 选用体操中的一些动作

（1）前滚翻、后滚翻、侧滚翻。

（2）连续前滚翻或后滚翻。

（3）躺着一个人，另外的一个人则坐着。他们相互抓住彼此的手，开始进行持久的双人前滚翻。

（4）连续侧手翻。

（5）双人同时站立，一个人抓住另一个人的腰部，然后一起完成侧手翻的动作。

（6）翻滚前进，转动头部，转动身体，完成空翻。

（7）跳跃，跃上高空，俯冲下来；用双腿跳跃，或者直接跳跃到障碍物上；跳起来在木马上翻滚。

（8）在低单杠上进行一些简单的动作，如翻身、腹部回转、后摆跳跃、向前移动等。

（9）在低双杠上进行一些简单的动作，如倒立、前滚翻和分腿坐。这些动作可以通过向前和向后摆动来完成。

5. 利用跳绳进行的一些练习方法

（1）"扫地"跳跃是一种有趣的运动，练习者可以把绳子分成几段，然后从低处开始，用双腿跳跃，不断重复这个动作。

（2）"双飞""三飞"是一种双足跳跃的方式，可以进行两次或三次。

（3）"后双飞"是一种双足跳跃的方式，需要摇晃两次。

（4）练习者双手交叉拉绳，每次拉一两次，然后用一只脚或双只脚跳一次绳子。

（5）两名练习者一起摇动长绳，其余的人则要不断跳跃，直至达到最高点，然后迅速跟上，跳过绳子，并迅速跑出。如果有人撞上了绳子，那么他们就要与另一名练习者进行交换。

（6）两名参与者需要在3~5次的双人跳绳之间进行配合，然后迅速完成比赛。

6. 利用蹦床进行练习的一些方法

蹦床运动可以帮助高大队员增强灵活性、提升身体协调性和空中操控技巧，从而达到更好的训练效果。

（1）将双臂抬起，让身体在空中自由翱翔，然后缓慢放松，重复这一动作5~10次。

（2）在原地腾起，双臂高高举起，在空中转动180°和360°。

（3）从地面上升起，慢慢降落，最终恢复到俯卧的姿态。

（4）在空中腾起，身体向前弯曲，双腿分开，双手触碰脚尖，然后身体稳稳地落在地上。

（5）在空中，运动员展现出了他们的技能，他们可以像足球守门员一样跳起来，用脚踢球，也可以像篮球运动员一样扣球，甚至还可以像篮球运动员一样扣篮，还可以像跳水运动员一样腾空。

（6）原地腾起，后空翻一周，双脚落地。

（7）原地腾起，前空翻一周，双脚落地。

（8）腾空而起，身体猛地一倒，仿佛失去了平衡，然后臀部紧贴地面，稳稳地站立起来。

（9）原地腾起，落地跪立后再腾起。

（10）从地面上腾空而起，在落地时变为仰卧，然后又重新回到站立的姿势。

第二节 篮球运动技术训练的理论与方法

一、篮球运动技术的含义

篮球技术其含义可以从动作方法分析和实际运用两方面来阐述。

从动作方法的视角来看，这些技巧可以帮助篮球选手更好地完成他们的战术，从而提高他们的技术水平。具体来说，就是众多类型的技术如传接球、运球、投篮等，还包括那些动作与动作之间有经常联系的组合动作等。

从实际应用的角度来说，篮球技术是指在篮球运动实战中合理使用单个动作或组合动作，并达到预期效果的动作方法。从技术动作实际应用的角度上看，此时的技术动作并非像理论上那么理想和规范，这是因为在实战当中运动员几乎都是在对抗中完成技术动作的，这种在受迫下完成的技术动作不仅要经历对抗，同时还要符合人体运动科学的原理，因此更加难以把握。

除上述两点之外，还需要明确的一点是尽管每种技术动作都有着较为规范的完成方式，但落实在实际当中，司职不同位置的球员在训练过程中会根据位置职责偏重于某些技术的训练，如后卫球员更加注重传接球和运球的练习，前锋球员注重投篮和移动练习，中锋球员更加注重篮下进攻脚步和抢篮板球技术的训练等。不同职责的球员对技术练习的侧重现象，也显现出了篮球技术动作的专门性与合理性。

篮球运动需要球员具备高超的技巧和意识，他们需要在团队协作的基础上，灵活运用各种技术，并与队友配合，以便为队友提供最大的威慑力。这需要球员具备良好的身体素质、技巧和智慧，同时还需要丰富的经验和创造力。现代篮球比赛就是双方球员技术动作的对抗。篮球运动员可以通过精湛的技巧来展示他们的个人特质、技能、意识、心态和道德标准。此外，篮球技巧也是篮球战略的基础，因为实施战略需要精湛的技巧和灵活的应对能力。

二、篮球运动技术的训练方法

（一）传接球

传球作为一种重要的运动，不仅可以帮助进攻者更快更准确地完成任务，而且还能够为他们提供一个链接，使他们能够更加顺利、协调、精准地完成任务，从而提升整个团队的作用。这种技术可以通过两种不同的方式实现：一种是通过双臂向前或向后进行，另一种是通过单臂向后或向侧面进行。

接球是篮球运动中的关键技巧，它不仅可以帮助队友获得更多的机会，还可以帮助队伍抢占篮板球和抢断球。在激烈的比赛中，准确的接球可以帮助队伍避免传球失误，填补空缺，并且可以有效拦截对手的传球。

1. 传球技术

（1）双手胸前传球

通过双手胸前的技术，学生能够迅速、准确地将球传递给队友，并能够随时随地进行变换。此外，通过将手掌与肩膀的肌肉紧密贴合还能够更好地配合投篮、突破等技术，从而更好地完成任务。把双肘微微弯曲，把球放到腰背处，保持稳定的站立姿态。进行传球的时候，双腿要快速踩地，并且把臂朝着目标的方向拉开，使大拇指朝上，使手掌朝着目标的方向推进。当接到球时，学生应该快速转向并保持稳定的位置。如果想要更快接触，前肢应该尽量向上举起。如果想要更长的接触时间，腿部应该更有力，使用两只脚的同时保持平衡。运用两只手接球、传球，需要同时进行动作，并且保持协调；两只脚也需要同时进行动作，并且保持平衡。

（2）单手肩上传球

单手肩上传球是单手传球中一种最基本的方法。这种传球的力量大，速度快，常用于中、远距离传球。传球时（以右手传球为例），左脚向球方向迈出半步，右手托球，同时将球引到右肩上方，肘部外展，上臂与地面近似平行，手腕后仰。左肩对着传球方向，重心落在右脚上，右脚蹬地，转体，右前臂迅速向前挥摆，手腕前屈，通过食指、中指拨球将球传出。球出手后，右脚随着身体重心前移而向前迈出半步，保持基本站立姿势。传球动作方法很多，除双手胸前传球和单手肩上传球两种基本方法外，还有双手低手、双手头上、单手低手、单手胸前、单手背后、单手体侧和勾手传球等。传球是将球从自己手中抛射向同伴手中的位移运动，不论是双手或单手，给予球作用力的大小和时间长短都决定球的飞行速度和距离。传球的方向取决于手对球作用力的作用点位置和腕、指动作（一般在球体后方，与传球方向相反）。出手角度应略高于水平方向，以克服飞行过程中重力对球的影响。出手速度取决于传球动作开始前动作的速度和作用力。传球应优先使用屈腕弹指和伸肘肌肉的力量，它们是能快速发力的部位。当进行远距离的传递时，需要让肢体的力量来支撑，这样可以让传递更加顺畅。运输过程中，需要通过弯曲的肘关节来控制运输，这样可以让球能够有效地传递。传递的距离取决于个人技术水平。通过使用多种技巧，如拉、推、旋转，能够更好地控制手腕，从而提高进攻效率。此外，还需要根据目标的位置来调整手腕的力度。

2. 接球技术

接球是篮球运动中的关键技巧，它不仅可以帮助队友获得更多的机会，还可以帮助队伍抢占篮板球和抢断球。在激烈的比赛中，准确的接球可以帮助队伍避免传球失误，填补空缺，并且可以有效拦截对手的传球。接球可以用两种方式，即用双手或用单手。

（1）双手接球

使用双手进行击打是一种常见的技巧，它能够帮助学生更好地控制局面，并且容易进行快速调整。当使用这种技巧进行击打时，应该保持专心，并将两只胳膊展开，使得双手都能够与对手保持同步。在接到球的瞬间，双腿要迅速地调整姿势，以便更加轻松地完成传递、投掷甚至是进攻。

（2）单手接球

单手接球控制的范围大，但是单手接球不如双手接球牢稳。如用右手接球，则右脚向来球方向迈出，两眼注视着来球。接球时，手掌成勺形，手指自然分开，右臂向来球的方向伸去。当手指触球时，手臂顺势将球向后下引，左手立即握球，双手将球握于胸腹之间，保持基本持球姿势。无论用哪种方式接球，都必须沿着球飞行的相反方向对球施加相应的阻力，让它的速度降到零。

当球作用于手部时，力的大小会影响手部的缓冲距离。为了减小这种力，需要增加手部的缓冲距离。通过伸展双臂并屈膝迎击球，再顺势向后推动，可以进一步降低来球的力量。当来球的力量很强且速度很快时，应该增加迎球幅度，以便能够有更远的距离来保持平衡。

（二）运球技术

运球是一种重要的技术，可以帮助持球队员在场上进行快速移动，获得更多的机会。它不仅可以帮助个人摆脱防守，还可以为整个团队提供战术支持。此外，运球还可以帮助队伍发动快攻，实现突破和追赶。经过长期的训练，学生可以更好地掌握球的技巧，并且更有效地控制和支配它。随着篮球技术的进步和竞赛规则的改革，人们对于投掷球的要求也在不断提高，使得投掷动作和使用方法也发生了巨大的变化。

1. 高运球

当没有外部阻碍时，进攻者可以通过运球来提升自己的进攻速度，并且可以根据自身的需要调整自己的攻击位置。这种运球方式的优势在于力量较大，反弹高度也较高，更容易控制，而且行进速度也更快。

运球时，双腿微微弯曲，身体略微向前倾斜，眼睛保持平视，以肘关节为轴，前臂自然伸展，用手腕和手指轻柔而有力地拍打球的后上方。

2. 低运球

当遭遇对手的压迫或阻挡时，进攻者通常会选择低速传球来保护自己或逃离防守。

在快速运球中突然急停时，双脚尽量向内收缩，重心降低，手按拍球的前上方，使球停止前运行。运球急起时，通过双脚的协调配合，人、球同步快速前进。

3. 运球急停急起

在快速行进间运球中，当对手堵截运球前进的路线时，突然向左或向右改变运球方向，借以摆脱防守。

以右手运球为例，运球队员从防守队员左侧变向突破时，先向其右侧做变向运球假动作，当对手移动堵截运球时，突然用右手按拍球的右侧后上方，使球经自己体前向左侧前方反弹。同时左脚迅速随球向左侧前方跨步，上体同时向左扭转，身体重心要降低，侧肩贴近防守者，将球压低。当球反弹至腹部高度时，右脚蹬地迅速前迈，左手拍球的后侧上方，超越防守。

4. 体前变速变向

在快速移动的过程中，如果遇到对手阻挡，就会突然转向左或右，以此来摆脱防守。

采取右手进攻的策略时，首先在防守者的左边进行转身，接着在防守者的右边进行一个转身的假动作。在这个过程中，学生需要快速移动左腿，并且将身体朝着左边移动。学生的重心也应该保持在一个较低的水平，并且尽量靠近对面的人，以便挡住他们的攻击。

5. 背后运球

当对手堵截运球一侧，距离较近，不便运用体前变向运球时，运球队员可采用背后运球，改变方向突破防守。以右手运球从背后换左手时，右脚前跨，右手将球拉到右侧身后，迅速转腕按拍球的右后方，使球从背后反弹至左侧前方，左脚同时向左前方跨步，换左手运球加速前进。

6. 运球转身

采取右手传递的技术，当需要改变方位时，可以使用左腿的力量，通过快速的移动来实现。首先，使用右腿把球传递到身体的另一边，再使其落到目标位置。最终，使用左腿传递，提高传递的效率。

最后一次投掷时，需要全神贯注，快速旋转，保持平衡，准确地控制手臂的方向，并保持呼吸、脚步和手臂的配合。

除了上述内容外，篮球运动技术还包括持球突破技术、抢篮板技术、防守技术、抢球技术、打球技术等。篇幅所限，且内容通常为篮球教师常用教学基本内容，这里就不一一赘述了。

第三节 篮球运动训练的营养补充

一、篮球运动员营养补充的要求

在参加篮球运动时，人体的能量会进行集中消耗，特征是强度大、消耗率高、酶和辅酶的活性加强、肾上腺皮质和髓质激素分泌增加、酸性代谢产物堆积等。科学的饮食和锻炼可以帮助身体更加健康。适当的饮食和锻炼，能够对器官、组织细胞的功能进行有效的调节，提高免疫系统的活性，增加人体的运动能力。此外，适当的饮食和锻炼也会帮助人体更快地康复。在进行营养补充时，主要有以下几个方面的要求。

（一）要延缓和减轻运动员疲劳

当参加篮球比赛时，运动疲劳的主要原因是：由于缺乏足够的水分，体内的热量调节受到影响，导致体温升高，同时也会导致酸性代谢产物堆积，电解质平衡失调，以及能量消耗过多。为了解决这些问题，应该采取相应的措施来消除运动员疲劳状态，延缓疲劳的发生或减轻疲劳的程度，以便更快地恢复健康。

（二）为运动员提供适宜的能量

能量的摄入对于维持篮球运动的正常进行至关重要，但人体的能量储备却是有限的。因此，如果大学生无法及时获得优质的能源，他们将无法满足篮球运动的需求，这将导致体内糖原水平的下降，从而影响腺嘌呤核苷三磷酸（ATP）的合成速度，无法满足机体的需求。在参加篮球比赛时，应该注意控制饮食，确保摄入足够的糖分，以便在运动过程中产生足够的肌糖原和肝糖原，从而提高ATP的合成速度。此外，运动员也应该注意控制体重，保持适当的体脂比例。通过有效地利用运动产生的能量，实现可持续发展。

（三）能提高运动员的恢复速度

经过一场激烈的比赛，人们的身心都会得到极大的改善。这种改善不仅仅是身体的健康，还涉及身体的各个方面，如身体的能量摄取和储存、血液循环、新陈代谢、营养物质的均衡和细胞的健康状态。为了促进身体的新陈代谢，必须通过适当的营养摄入，以实现其正常的生命活动。

（四）为运动员防止运动损伤提供保证

在篮球比赛中，运动损伤非常常见。这种情况的根本原因是身体缺乏必需的能量来维持身体的活动。如果身体的糖原被消耗殆尽，就可能导致身心疲惫，并且难以维持身体的动态，从而导致更多的伤病。为了保护身体免受运动过程中的损害，教师应该特别注意摄入富含碳水化合物的食品。

二、篮球运动员营养补充的误区

（一）体液补充的不科学性

当进行篮球比赛时，因为需要消耗更多的热量，所以水分流失严重，但很多人在运动完后才想到喝水。根据科学家的研究，当人体的水分减少达2%~3%的比例，血压和氧气供应将显著减少，使机体的耐久性和耐热性也随之减弱。随着社会发展，越来越多的人开始意识到，正确的饮水可以有效地改善身体的健康。特别是打篮球时，应该及时补充充足的水分，以免影响运动能力。因此，应在运动中经常补水，保持体内水分的充足；并且，多吃那些富含营养素的饮食，如具有丰富的矿物质、维生素、碳水化合物的食物。

（二）忽视早餐的重要性

早餐可以说是健康和快乐的源泉，它既可以提供全面的营养，也可以让人拥有愉悦的精神，尤其对大学生而言更为重要。然而，"早简晚盛"现象在我国高校非常普遍，由于饮食习惯的紊乱，人体的各种营养素的摄入出现失衡和严重的不足，尤其是对于从事篮球训练的大学生而言，这种营养摄入失衡导致的肌体运动能力损失最主要原因就在于缺乏均衡的饮食，无法获取充分的能量。因而，为了保持良好的营养状况和增强锻炼，大学生应该特别注意早餐的摄入，以确保其身心的健康。

（三）蛋白质补充不合理

随着蛋白质的重要性日益被认可，大学生在日常饮食和锻炼中也会特别注意蛋白质的补充。然而，蛋白质的摄入量不应该被过度强调，许多人误以为只要摄入的肉类数量越多，就越有营养。由于忽略了日常饮食中的碳水化合物，如米饭、面条和新鲜蔬菜，导致人体内碳水化合物的摄入量不足。

（四）忽略微量营养素的补充

在参与篮球比赛时，许多人都倾向于仅仅依靠进食来提升营养物质素水平，但实际上，假如食品中含有大量的油脂、蛋白质等营养素，这种做法反而损害肌肉的耐久性。当人摄入蛋白质、油脂等物质超出正常范围时，将加重身体的负荷，阻碍人们获取更多的微量营养素。另外，许多人并未意识到日常饮食中应该注重补充必要的微量元素，造成体内宏量营养素的过剩而微量营养素缺乏的不平衡状态。

（五）过于注重营养品的补充

随着营养补品广告的不断增加和夸大宣传，许多人误以为只要服用营养补品就能补充体内的营养，甚至认为营养品能够解决所有的营养问题，以致出现以药代食的现象。比如，人们会过度依赖它们来达到减肥、增高、增智等目的。事实上，营养补品只能提供有限的营养，而且只能针对那些缺乏营养的人群。相比之下，补药更多地关注的是调节和改善身体的生理功能，补药的选择应该根据个人的情况来决定。单一的营养补品无法完全满足人体的营养需求，因此还是需要在日常饮食中进行全面营养的补充。

第六章　新媒体技术在高校篮球教学与管理中的应用

第一节　多媒体动画结合训练在篮球教学中的应用

一、多媒体动画教学模式的概念

多媒体教学是指在教学过程中，根据教学目标和教学对象的特点，通过教学设计，合理选择和运用现代教学媒体，并与传统教学手段有机组合，共同参与教学全过程，将多种媒体信息作用于学生，形成合理的教学过程结构，达到最优化的教学效果。下面，笔者主要以Flash多媒体动画为例，简单介绍其在篮球教学中的应用。

Flash动画可以创造出丰富多彩、生动的动画效果，表现形式多样、能够吸引用户。此外，由于制作的动画是矢量的，即使将其放大数百倍也不会出现任何模糊的效果。Flash多媒体动画的创建过程十分便捷，拥有相关技能的初学者几天内便能掌握其中的技巧。此外，费用也相对较低，仅仅是一台个人电脑便能完成。Flash动画拥有令人惊叹的视觉冲击力，它的艺术性极强，可以让观众感受到逼真的场景，而且它还可以利用先进的计算机技术，把文本、图片、影片、电影、声音、视频等多种多样的信息资源整合在一起，构建出一种完全可以实现人与机器之间的交流和协作的多元化信息传播平台。通过使用各种不同的方式，如数字、语言、视频、动态、影片等，教师可以创建出一个完整的、可以满足用户需要的多媒体系统。随着多媒体技术的不断发展，它已经成为一种普遍的工具，应用于各种场合，从办公室、实验室、特殊项目，到学校教育，甚至是家庭生活。

二、多媒体动画手段在篮球教学中应用的理论基础

多媒体教学本身就是一个有趣的实践活动的过程，可以发现，教学的乐趣来自丰富的实践体会。尽管教师开始时可能会感到困难，但可以通过不断努力来提高自身的技能，并且通过不断的反省来提高自我。当学生体会到成功的乐趣，教师也可以激发他的教学热情。为了实现这一目标，教师需要认真思考如何更好地指导学生，让学生更加主动地参与课堂活动。同时，教师还需要根据不同的教材内容，制订出适合学生的教学方案，让学生能够更好地理解所学内容，从而提高自身的教学兴趣。通过运用多媒体技术，将动漫、音乐、电影、电子游戏等素材制作成动画视频，可以增加课堂教学的知识性和趣味性，从而改变课堂的氛围。例如，运用多媒体技术，将运动场景的精彩瞬间、激烈的比赛场面、精彩的互动环节、精彩的游戏场景等制作成动画视频，能够充分展现运动员的技艺、智慧、勇敢。通过使用Flash动画技术，教师可以扩展学生的想象力，增进他们的理解。例如，教师可以通过使用Flash动画来展现一些简单或复杂的技巧，帮助学生更好地理解这些知识。此外，教师还会添加一些NBA的场景，让学生更容易理解这些知识。通过这些措施，教师希望能够更好地帮助学生理解这些知识，提高他们的竞争意识。通过采取新的教学方式，教师可以提高学生的参与度，让他们有兴趣参与体育活动。与传统的授课形式相比，新的教学方式可以让学生有机会参与，并且可以通过实际操作和互动游戏来提高学习兴趣。Flash动画视频制作技术可以从多个角度、全局、立体地展现出一些复杂的场景，从而使得课堂上的知识变得更容易掌握，大大减轻了学生的学习负担，同时也极大地提升了学习的效果。观看这些精彩的Flash动画，可以让学生更好地掌握一些炊琐的操控规则，也能更好地领会一些抽象的概念。篮球项目自身的观赏性、娱乐性、美感性和竞争性等特点与动画视频的视听功能融为一体，更能发挥出强大的教育功能。它通过调动学生的多种感官，激发学生的感知，从而使学生更好地理解和掌握知识，提高他们的身心健康水平。人类的思维是以视觉、听觉、触觉等多种方式来获取信息的，而这些信息的获取，正是基于视觉、听觉、触觉等多

种方式，这种视觉方式在课堂上发挥着至关重要的作用。

　　随着科技的进步，使用动画等多媒体工具来进行课堂授课已经成为一种可行的选择。这种工具可以让学生更加深入地了解战术，并且可以让他们更容易地掌握所需的知识。尤其是在篮球课堂上，使用Flash动画可以让学生更加轻松地掌握基本的技巧，并且可以让他们更好地运用所学知识。例如，教师可以使用缓冲区来强调重点，并使用正反两面的肢体语言，使得教师能够清晰地展示技巧。此外，教师还可以使用提示标记来取代传统的训练方式，克服因为训练时间短暂导致的模糊感。

　　现代的教育方法已经大大超越了传统的依赖课堂的方法，重新定义了课堂的重心。通过让学生参与课堂活动，教师希望提高他们的创造性和主动思考的能力。在这个情况下，多媒体动画教学尤其重要，它不仅应用于多种课程，而且还提供了一种直观的方法来协助学生理解和记忆。因此，采用Flash动画制作的视频技术，可大大减轻课堂的复杂性，将教师的指导与Flash动画的实时展现相结合，利用视觉效果的特性，并采取缓冲、暂停等手段，有效地提升课堂的效率，加深学生对知识的理解。运用动画的形式，能够克服时间和地域的障碍，让学生更快地掌握知识，更清晰地看到事物的发展历史，以及事物之间的联系。例如，在许多集体运动课堂上，如篮球课，能够运用动画的形式帮助学生更进一步地理解比赛的规律和方法，并且能够更有针对性地协助他们更进一步地掌握比赛的技术。

　　运用动画技术，在Flash多媒体动画里直观地表现篮球的运动线路、队员运动动作的时机及线路、队员间的进攻和防守过程和战术套路的变化等许多内容，使整个教学过程变得简单明了、通俗易懂，使复杂战术变得简单化。体育教学是学生学习与练习的结合。因此，最有效的方法是让学生在体会和创造的过程中学习，而传统的体育教学学生只能被动地参与其中。Flash的制作以其简单的软件使用方法和直观的动作呈现，使学生有能力参与到制作与学习当中，能加深自身对体育项目的了解。篮球技术讲究的是规范标准，战术则讲究的是灵活多变。篮球战术在符合篮球运动规律的前提下千变万化，没有固定的模式。因此，学生战术意识的培养尤为重要，在制作和观看篮球动画的同时会伴随一些问题的出现，如思考战术的

179

合理性和效果如何，在实际情况下又该如何进行合理使用，不局限于篮球动画固定的战术方法，而在实际情况下创造性地运用战术，丰富战术方法体系，改进篮球动画，在培养战术意识的同时又培养了学生的主观能动性和创造性思维。

三、多媒体动画课件在篮球理论教学中的应用

通过运用现代化的多媒体工具，如影音、动画、游戏等，可以让学生获取全面、生动、形象、深刻的认知，以及实时地掌握所需要的信息，已经成为一种极其先进、高效、可持续、高质量的教育模式。随着时代的发展，篮球的知识越来越丰富，通过运用多媒体课件，教师能够更好地展示篮球运动的各种复杂技巧与战术，让学生能够更加直观地感受到它们之间的关联性与细微差别。通过采用多种形式的视频、音频、游戏等，教师不仅可以为学生展现出更加精彩的技巧，而且也可以让他们更加深入地了解篮球的基本概念，从而更好地掌握知识。此外，通过视频的播放，也可以让学生更加深刻地了解教学内容。在以往的体育教学中，教师通常会采取传统的语言描述方法，以及在黑板上绘制图形或模型。然而，这种做法往往会让人感到枯燥乏味。相比之下，通过多媒体动画的二维或三维展示，可以更有趣地帮助人们理解并掌握知识。在这个课堂上，教师和学生可以看到许多令人困惑的动作，但教师也可以通过直观的展现让大家更好地理解这些动作。这些展现可以为教师提供一个直观的、流畅的、易懂的动作模型，从而为教师提升技能打下扎实的基础。

通过应用多媒体教学，教师能够轻松地让学生更好地掌握那些复杂的篮球运动技能，特别是那些需要高超的操控手法的技能。通过应用多媒体教学，教师能够让学生更好地理解篮球运动的基本原则，更快地掌握篮球运动的方法，从而更好地提高学生的篮球运动水平。通过将复杂的动作细化，让学生能够更加容易地掌握，这样不仅能够帮助他们更好地理解，还能够扩大他们的想象力。而且，通过运用多种多样的多媒体动画课件，能够让学生的双眼协调，让他们更加深入地探索篮球运动的本质，从而更好

地掌握知识。因此，运用动画来进行篮球教育，教师能够帮助学生提高他们的思考和推理能力。

四、多媒体动画来提高篮球技能是有效的方法

使用Flash动画可以帮助教师更好地讲授篮球技巧和战略。这种方法可以帮助教师更生动地展示教学内容，使得教师能够更直观地讲授技术动作，从而更好地帮助学生掌握这些知识。尤其适合于那些需要大量练习和练习的场景，这样可以大大减少教师的讲授时间，并且能够更有效地帮助学生掌握这些知识。当讲"跳投"的时候，教师可能会遇到困惑，如，学生可能无法理解当抛掷球的那个瞬间，以及他们为什么能够从底部向顶部弹射。此外，学生还可能无法理解抛掷的过程、抛掷的过程中身体的配合。通过Flash动画可以帮助教师快速准确地展现出跳投的全部步骤，并且可以让学生更加轻松地欣赏到这一篮球技术动作的精彩瞬间。

教学中运用动画制作软件，教师可以将教育、体育以及计算机技术融合为一个复杂的系统，这既解决了一个技术难题，也为教师提出了一个更加有效、准确的方案。动画技术运用于体育教学的发展受到了多种因素的影响，其中最大的挑战之一就是如何将体育专业的知识和现代化的教学手段相融合，以提升使用者的学习成果，并且更好地满足使用者的需求。因此，高校需要努力提升体育教师的综合素质，提升他们的动画技术使用能力。通过开拓性的研究，教师正在努力推动体育课程的数字化转型，实现课程的科学性、智能性、实时性，并且构建完善的体育课程数据库，充分挖掘数字技术的潜力，实现课程的有效性，从而提升课程的质量，实现课程的有效性。采用先进的教育理念，结合多种方法，如多媒体、网络、远程等，能够更好地提升课堂气氛，增加使用者的参与性，从而更好地提升课堂教学质量。通过引入网络教学系统，可以培养学生的健康人格，提升学生的认知水平，从而发挥出其重要的作用。这种系统不仅可以减少重复的教学，而且还可以整合多种教学资源，包括教学目标、教师、学生以及现场器材，从而实现教学过程的优化，同时也为教学人力资源的全面发展

奠定了基础。

利用动画来进行篮球技巧的培养是非常重要的。它可以让教师的课堂变得生动、有趣，并且让那些抽象的概念变得简单明了，让教师的学习变得轻松愉快。这样的方式可以让教师的教学变得更加有吸引力，让教师的学习变得更加高效。通过引导学生参与一系列有趣的活动，如动画制作、游戏设计、角色扮演等，不仅有助于激发他们的学习热情，还有助于培养他们的创新思维，从而取得良好的教育成果。

五、多媒体动画可以更好地教授篮球战术

通过使用Flash动画制作技术，教师可以更好地教授篮球战术。Flash动画可以帮助学生更清晰地理解战术意义，并且能够更快地掌握战术路线。相比于传统的粉笔、黑板和战术板，这种方法能够更有效地帮助学生掌握战术知识。多人战术练习需要充分考虑到每个参与者的特点，包括时机、配合和节奏。因此，教师在教授过程中应该特别注重指导学生如何正确地执行战术。通过Flash动画制作技术，可以将学生的运动路线和战术节奏变得更加生动形象，从起点到终点，从接球到投篮，每一步都有明确的指引，让学生的行进更加有条理，更加有效地完成比赛。这样，教师在战术板上的讲解就不再难以在较短的时间内表达完毕。通过Flash动画制作技术，可以让学生清晰地感受到整体战术的运动轨迹，并且可以将其分解为完整的部分，从而让学生更好地理解个体与整体之间的移动位置关系，更加清晰地掌握动作。通过使用教学动画软件，教师不仅可以更好地理解和掌握各种技战术环节，还可以提升自身的知识水平，并且可以有效地解决传统教学中无法解决的问题。此外，通过动画的形式，可以更好地展示战术的运用，而正确的战位布局和正确的跑动路线，则是实现战术的关键所在。

第二节　微信在当代高校篮球教学中的辅助应用

篮球在大多数高校里的影响力和普及率非常高，很多大学生（尤其是男生）都热衷于这项运动。为了让大学生能够真正爱上这项运动并终身参与篮球运动，教师需要不断努力，加深对篮球运动的理解，并且在教学实践中不断改进教学方法。近年来，信息科技的飞速发展促使移动学习成为一种新的学习方式，而微信等具备众多用户群的社交媒体也成功地推广开来，并且已经被广泛地运用于各高校的教育实践当中。微信的优势在于它的易于掌握、完全免费、社交性强、多元化的内容、强大的功能，加上不断上升的用户群，微信已经成为当今教育信息化领域的一个重要焦点。通过利用当前最受欢迎的社交媒体工具，教师可以在高校里创办一个专属的篮球公众号，并发布各种有关篮球的学习资料，以便学生可以随身携带。另外，教师还可以在课堂外创立一个专属的篮球小圈子，以便教师和学生可以进行有效的沟通和互相帮助。

一、利用微信辅助篮球教学的特点

（一）移动性

由于设备的支持使得移动学习不受时间、地点的限制，这是微信辅助篮球教学的最大特点。

（二）情境性

根据情境式学习理论，学生需要在具有实际情境的环境中学习，以便更好地理解和掌握知识。通过让学习内容与实际情境相结合，学生可以更主动地学习，并将学习的知识应用于实际的工作和学习环境中。通过创造情境，学生可以更好地理解学习内容。

（三）普及性

随着科技的进步，各种便携式的移动学习工具应运而生，它们的尺寸更加紧凑，功能更加丰富，而且售价也更加低廉，使得它们在各个领域得到广泛的应用。只要拥有一台手机，就可以利用它们连接到无线互联网和移动网络，从而轻松地进行移动学习。就我国而言，智能手机的普及，微信App的便利、多样等优势，使得微信成了辅助高校篮球教学的必然选择。

（四）片段性

移动学习与固定学习有着本质的区别，它是一种在移动环境中的非正式学习，可以让人们更好地应对外部环境的变化，并且能够保持长时间的学习状态。因此，在开发移动学习资源时，应该充分考虑到它的优势，以便更好地满足用户的需求。微信辅助篮球教学，也必须考虑这一点。

（五）自主性

微信辅助篮球课学的独特之处在于，它可以满足用户多样化的教学需要，并且可以实现多种不同的教学模式。这种教学的设计更加灵活，能够适应各种类型使用者的不同需求。此外，微信辅助篮球课学还能够更好地适应现代教育的理念，让每一位学生都能够得到更好的指导。

（六）辅助性

微信辅助篮球教学虽然可以提供一定的帮助，但由于受到学习环境的影响、Wi-Fi带宽的局限以及学习资源的匮乏，它仍然存在一定的局限性，因此，它仅仅是一种延伸，而不能完全取代传统的学校教学，只能作为一种补充。

二、微信辅助篮球教学的大致过程

（一）在微信公众号上，教师提供有关篮球的辅导课程

辅导课程主要包括视频、图片、语音、文本等形式，由教师按照教学大纲和教学内容将相关素材进行编辑后上传到微信公众平台上，学生可以利用微信公众号进行移动学习。其内容主要由三个模块组成：第一个模块是篮球技术教学视频，主要包括篮球基本技术的动作教学讲解（持球教学、运球教学、传接球教学、投篮教学、三步上篮教学以及防守教学等），以及这些技术的练习方法；第二个模块是篮球的基本战术配合和裁

判法的相关知识；第三个模块是篮坛风云人物介绍、篮球赛事介绍和篮球经典镜头集锦。结合移动学习的片段性特点，视频时间最好控制在2分钟以内，文字内容突出重点、简明扼要。以微信平台为载体辅助篮球选项课教学是一种新的教学尝试，利用微信平台能够调动学生的主动性和积极性，引发他们对篮球的求知欲，这就是当下人才培养和教育改革的发展方式及趋势；对于教师而言，微信平台也有很大的辅助作用，教师可以更准确、更深层次地了解每个学生的需求，更加重视学生的个性，区别对待，使得教学的内容、教学手段更加精准，促进教学质量的提高。另外，每周一次的消息推送功能，其内容主要是根据课堂教学情况制定一些具有针对性的篮球知识以及篮球基本技术的练习方法等。

（二）微信应用于篮球课堂的过程

1. 课前预习阶段

根据教学计划，教师会定期向学生推送与篮球相关的视频、音频、图片等移动学习材料，以帮助学生更好地理解篮球的基本技巧。教师会提醒学生每周日晚上查看这些材料，以便学生能够更好地理解。

2. 课的准备阶段

教师会通过指定的话题，评估学生之前的学习成果，同时也会审核他们完成的作业。此外，教师还会指示学生利用微信公众号中的移动学习工具，搜索相关信息，然后将其作为自己的参考，从而更好地掌握篮球技能。

3. 课的基础阶段

首先，教师来介绍一下这门课的主要内容。教师通过实际操作来展现微信上的知识，然后通过演示来帮助学生理解。教师还会对学生的疑惑做一个简单的回复，让其自己思考如何更好地理解这些概念。其次，教师就可以让学生通过对比微信上的学习资料来练习技巧，以及如何更好地完成任务。教师会密切关注每个学生的训练状态，并给予适当的帮助。当学生面临更高级的篮球比赛挑战时，教师会收集他们的训练成果，并为他们提供专业的建议。

4. 课的结束阶段

教师回顾了这节课的学习过程，发现了一些问题，并给出了一些解决方案。教师对取得进步的学生给予表扬,鼓励他们继续努力。教师要给学生安排课后作业,希望他们能够更好地完成。

5. 课余复习阶段

为了提高学生的篮球技能,教师定期向他们推送训练方法。在教授难度较大的技术课程之后,教师会对学生的练习视频进行编辑,并将集体错误的视频上传到微信交流群中。同时,教师也会通过微信向个别学生分享动作错误的视频,让他们在课外时间能够通过对比来纠正。这样,教师就能够更好地帮助学生提高他们的篮球技能,并且能够更好地应对日常训练中的挑战。

6. 课余移动学习阶段

学生可以利用篮球微信公众号和微信交流群中的丰厚资源,结合实践,进行移动学习,同时也可以通过这些平台与篮球教师和其他学生进行互动,共同探讨和交流。

三、微信辅助篮球教学的价值

第一,微信辅助教学给篮球选项课的教学带来了巨大的改变,它不仅能够更好地传授基础技术、技能和知识,而且还能够让学生在任何时间、任何地点都能自由探索,获得更多的学习乐趣。学生可以通过使用篮球平台来掌握基础技术、技能和知识,并在遇到问题时,可以通过多媒体资源来寻求解决方案。此外,学生还可以通过微信群来与其他同学和教师交流,以获得帮助。

第二,微信辅助教学可以极大地改善学生的学习态度,激起他们的兴趣,并且有助于培育他们的终身运动意识。通过丰富多彩的交流,精准的指导,以及随时随地的自主学习,为学生的篮球教学创造出一种有利的环境。在这个环境中,学生不仅深入了解了篮球,还获得了丰富的学习经历,激起了他们对篮球的热爱。这也鼓励学生积极参与体育运动,训练出终身体育素养。

第三,微信辅助教学方式得到了广泛的认可。通过微信支持的篮球选项课程，不但可以满足学生的个人需求，而且还可以提高学生的学习兴趣，减轻他们的负担，提升他们的自信，并且可以唤醒他们的学习热情。通过这种方式，教师可以显著地改善学生的篮球学习成绩。

通过使用微信群，学生和教师之间的沟通得到了极大改善。学生可以随时随地就自己的学习问题发起讨论，而教师则可以通过视频、语音、图片和文字等多种方式与学生进行交流，从而更好地传递自己的想法。此外，微信群还可以作为一种沟通的工具，帮助教师更好地与学生和同事沟通。在交流的过程中，不仅可以解决学生的学习难题，还可以增强师生之间的友谊，激发学生的学习热情，并且有助于培养学生的团队合作精神。

第三节　微课在当代高校篮球教学中的设计探索

一、微课教学的内涵

微课以音频或视频为主要载体，通过声音和视频的形式，让教师更为直观地传授知识，让学生更为深入地理解和掌握知识。互联网时代，网络不仅带来了更为快捷的教学方式，还彻底改变了使用者的行为。"互联网+教育"的出现，使学习变得更为多彩、开放共享，从而提升了消费者的接受度。微课的特点是容量小，内容精准简洁，表现形式多样，微课短小精悍的特点正契合了人们当今时代快节奏的需求。

微课教学的成功取决于课程的设计、安排、课件的准备、学生的学习体验、课后的辅导复习等多方位的原因。可以根据教师的教学特点和学生的学习特点，灵活组织视频内容，将一个完整的教学视频拆分成多个知识模块，或者将这些模块结合起来，形成一个完整的视频，以满足教师的教学特点和学生的学习特点。微课旨在通过简洁明了的音频和视频来帮助学生更好地理解专业学科中的知识，并且能够吸引学生的注意力，有效地帮助学生巩固课后所学的内容。微课是一种特殊的课堂教学形式，它以课堂教学中的复杂问题为基础，采用音频、视频等多种媒介，结合学科理论、课题活动、实践操作等，进行有效的讲解和示范，以满足不同学科的需要，并且根据不同的教学风格，提供多样化的目标、具体内容和题材。

微课教学打破了时间和空间的限制，利用移动设备能够完成实时直播。而且由于4G、5G网络的广泛应用，无论在哪里都能够轻松完成实时直播。同时，学生通过智能手机、平板电脑登可以随时随地上网收看微课或下载微课视频，进行移动远程学习，满足个性化、碎片化的需求。此外，微课的发展还为教师提供了更多的课后观摩、评课、反省和探讨的机会。

二、体育微课教学与传统体育教学的显著不同

随着信息的飞速发展，人们获取信息的能力和范围正在迅猛扩展，而过去的教育模式却难以应对这种信息的快速流动。然而，教师并非必须放弃传统的教育模式，因为即使在最简单的微型课堂上，仍然存在许多改善空间。因此，教师需要将两种不同的方法融为一体，制定一种出色的教育策略，激发学生的学习热情，帮助他们更加深入理解和运用知识。

通常来说，一个普通人的注意力极限是10分钟。传统的课堂模式很容易让学生走神，不时地插入一段微课却能够提高学生的专注度，营造出活泼的课堂教学氛围。教师在课堂教学时提供一些轻松的活动，如游戏、体验等，那么篮球课程将变得丰富而富有趣味。通过开发出各种不同的微型课程，学生可以轻松掌握知识，并且不受时空限制。微课教学不仅提供了丰富的教材内容，还随时随地就能获取，使得大部分学生都能够愉快地学习新知识。除了将黑板和图表等元素纳入微课设计当中，教师还应该将其他元素融合在一起，如实际的工程技术，使其具有极强的实用性，从而提升了教学的有效性，同时也使学生的知识点更加深刻。由于微型课堂的内容相对简单，无论何种情况，只要有足够的空余时间，就可以轻松地完成任务。在当今社会，年轻人渴望摆脱束缚，并渴望拥有独特的个人风格。因此，传统的授课模式已经难以适应学生的需要。相比之下，采用微课等灵活的授课模式将会成为学生的首选。通过将微课与传统的授课模式相结合，教师能够将课程呈现为短小精悍的内容，并允许学生自行下载。随着

智能手机和其他移动设备的广泛使用，微课的使用变得越来越容易。

由于微课的定位精准、内容精练，使得它们能够拥有极大的自由度，以便于更有效地安排课堂的进度。此外，通过利用现有的资源，教师也能够有效地帮助学生理解所需的知识，并有效地进行教育与实践。"微课"拥有多种独具魅力的功能，拥有一个灵活的操纵机制，使得教师与学生都能够自由地选择课程，从而更好地实现自我发现；"微课"为每一个课程设计出具有针对性的、较强实效的、较大参与度的课程，通过精美的视频为学生呈现课程的全部知识，从而更好地理解课程的核心思想。通过引入新的技术，课程的内容变得丰富多彩，具有很强的参考性、互动性，而且还具有易于操作、多次循环的特性，这些都极大提升了课堂的效果。此外，这些技术还允许课堂的内容得到有效的扩展，让学生有机会进行自主探索与实践。由于教师拥有绝对的权力，因此他们能够更好地指导和推进课堂教学。每节课的教学时间大约为45分钟，但是教师会给学生提供5~10分钟的休息时间，以满足他们的身心需求。这种分段授课的方式，就像一条精细的工厂流水线，可以轻松地实施和控制教学活动。

三、体育微课教学设计原则

（一）适时分解原则

在体育微课教学中，最重要的特点就是能够让学生在最短的时间内获得最大的收获，因此在制作微课时，应该尽量保持简洁明了，避免知识的过度累积，以免影响学生的学习效果。同时，也要注重内容的完整性，避免因为过于简单而导致学生无法完全理解所学内容。因此，在制作微课时，应根据学习内容、方法、环境和表现形式，将微型课程进行有效的分解和组织。

（二）聚集性原则

在8~15分钟里要想把握微课的重点，就必须有充足的准备，从而能够有效地讲述教学内容，包括知识点的重点、难点和疑点。在高校体育课中，聚焦于运动技能的挑战，包括如何分解这些挑战，以及如何理解体育理论中的难点。

（三）简洁性原则

微课的设计旨在帮助学生更好地集中精力，因为学生的注意力通常只能维持8~15分钟。在这段时间内，学生可以更加专注地学习，从而更有效地掌握知识和技能。通过掌握知识，教师可以更好地运用它。因此，在制作微课时，教师必须尽可能快地将重点内容表达出来，并且在表达方式上要清晰明了，使用学术术语，以确保微型课程的高质量展示。根据大学生的特点，他们在网络学习方面的能力很强，并且拥有一定的运动技巧和基础知识。因此，在设计微课时，应该简洁明了，重点展示关键内容，帮助学生在网上快速定位，从而更好地使用微课。

四、提高体育微课教学设计的措施

（一）教学行政部门的重视

随着新的课程改革，高等院校对体育微课也越发重视，因为它涉及许多复杂的领域，因而，教学行政部门必须积极收集、梳理和更新各种信息，从而使得微课教学的优势更加明显。尽管近年来一些高校开始尝试推广体育微课，但由于缺乏与其他院系的合作，以及"一家之言"等教学视频的普及，这些微课的质量参差不齐，从而影响了其他院系资源的有效运用。为了提升高校体育教育水准，教育部门与其他部门必须共同努力，打造一个完善、秩序、安全、有效的在线微课网络平台，并且通过严格的实名验证，加强对在线微课活动的有效监控，实现资源共享，为全国各地的学生提供了一个便捷的平台，让教师能够分享自己的微课，从而获得更多优质的资源，并且提升了传统教学模式的权威性。

学校作为一个重要的社会中介，其职责在于提供有效的信息和服务，帮助学生掌握所有的基础概念和技能。为了提升学习效果，学校应该积极打造一个全面的、有效的、系统的、可持续的、有效的教育平台，这个平台能够帮助学生掌握所有基础概念和技能，从而使学生能够从中受益。

教育部门应该积极搜集和筛选来自不同地域的微视频，以确保它们的质量和数量。这些视频应该被构建成一个完整的知识体系，并在覆盖面更广的平台上发布。此外，对于表现优异的视频，应该给予鼓励和宣传。

（二）激励高校教师参与微课教学的积极性

微课是一种新型的教育形式，它的出现为信息化时代带来了巨大的变革，并且在当今社会中得到了广泛的应用。然而，微课的成功与否，取决于制作者的技术能力，以及它能否有效地激发学生的学习热情。当今，由于教师信息技术能力不足，微课的发展受到了严重的阻碍；此外，由于微课的种类繁多，教师的教学任务也变得越来越繁重，他们面临的知识要求也越来越多，这使得他们的教学负担变得极其沉重，压力极大。教师压缩不出更多的时间来精心制作和准备。为了提升微课的质量，有关机构应该大力支持，科研人员应该积极开发更多便捷、简洁、高效的微课，以减轻教师的负担，激发他们录制微课的热情。此外，教师的创造力也是影响微课质量的重要因素，它可以帮助教师提升微课的吸引力和实用性，而这种创造力往往来源于教师在教学实践中获得的灵感。教师积极参与这种能够激发他们创造力的教学活动，这与学校的支持密切相关。因此，学校应该不仅加强对教师的培训，还应该提供指导，帮助他们更好地制作微课。

（三）提高教师对微课的认识

尽管微课在中国受到越来越多的关注，但仍有许多人对其缺乏足够的了解，甚至存在误解。许多网站上提供的微课视频并不能满足微课的实际需求，如视频的制作、教师的讲解、内容的完整性以及时间的安排，更有甚者，许多微课视频仅仅是对传统课程的简单重复。因此，教师对微课的理解和掌握至关重要。然而，令人担忧的是，许多教师并不熟悉微课，他们认为它只能带来短暂的热潮，无法持续发展。在当今信息爆炸的时代，微课能够满足人们的各种需求，实现学习的移动化、碎片化和个性化，从而促进知识的持续更新和扩展。因此，微课不仅是一种短暂的热潮，而是一种可持续发展的教育战略。因此，各方应该全力以赴，投入大量的资源，加强微课的宣传，让更多的人真正理解和使用微课。

教师在制作微课时，应当按照教育的基础原则，逐步提高难度，并尽量使其能够反映出最佳的教学效果。通过微课教学，可以提高课堂效率。

微课希望能够吸引学生的注意力，可以有效地提高学生自主学习能力。此外，将提高效率纳入教学计划，还能够提高学生的学习热情，并缓解教师的工作负担。

（四）拓宽微课学习的渠道

当今的大学生拥有无限的可能，他们渴望改变，拥抱变化，拥抱未知，尤其是在学业上，他们渴望获得更多的知识，而停留在传统填鸭模式的高校篮球课堂却让许多学生感到无奈。当代大学生的学习方法越来越多样化，教师应该根据当代大学生的独特性，采取多种措施来满足他们的学习需求，并且鼓励他们尝试各种形式的学习。教师可以借助微课创造新的情景，引发学生的好奇心，让他们参与到微课的学习当中，从而提升他们的自主学习能力。此外，教师还应该根据学生的实际情况，提供适当的教学资料，并且精准地把握学生的需求，通过精心策划和实施课程，激发学生积极参与和创新思维。

（五）完善高校微课教学设计的评价体系

通过客观、公正的评估，教师能够更好地了解一节课的质量。尤其是在推广微课时，构建一个完善的、客观的、公正的评估机制，将会大大提升其在社会上的影响力。可汗学院是一款教育学习的辅助应用，它能够帮助教师将复杂的知识结构变得简单易懂，使学生能够轻松掌握所需的内容。此外，微课评价系统还能够为教学过程中的每次考核、评估、评价等活动和教师的教学工作提供有效的指导。微课系统能够进行全面的数据分析，建立起一个客观的、准确的、全面的、可衡量的评估标准，来衡量学生的学习表现，从而深入洞察他们的学习状况及其存在的问题，最终给予他们有效的指导与支持。在微课中，来自不同背景的学生、教师、专业人士都会发言，他们会根据自身的体验来反馈篮球课的有效性、实效性以及其他重要因素。

通过微课上传，教师可以为用户提供满意度评价，包括满意、不满意和修改建议等几个选项，并且根据不同的使用人群，将结果进行细分，如将学生、教师、学者、专家等用户分别进行评估。经过深入分析，教师发现学生的建议是最重要的，教师的意见次之，其他人的建议也是必不可少的。教师将根据这些建议，对高校体育微课进行修订，以提高其实用性。

参 考 文 献

［1］罗杰斯. 罗杰斯著作精粹［M］. 刘毅，钟华，译. 北京：中国人民大学出版社，2006.

［2］佐藤正夫. 教学论原理［M］. 钟启泉，译. 北京：人民教育出版社，1996.

［3］刘洋，曹国强，周怀球. 篮球运动多维发展探析与科学化训练［M］. 北京：九州出版社，2019.

［4］宋乃庆. 中国基础教育新课程的理念与创新［M］. 北京：中国人事出版社，2002.

［5］钟启泉，崔永淳，张华. 为了中华民族的复兴　为了每位学生的发展：《基础教育课程改革纲要（试行）》解读［M］. 上海：华东师范大学出版社，2001.

［6］常绍舜. 系统科学方法概论［M］. 北京：中国政法大学出版社，2004.

［7］毛振明，吴键，马铮. 体育教学模式论［J］. 体育科学，1998（6）：5-8.

［8］杨兴洪. 当今体育在育人中的作用［J］. 职业技术，2010（7）：47.

［9］张冯. 高校体育教学原则探析［J］. 教育与职业，2013（11）：149-150.

［10］穆岩. 浅析普通高中体育"常态课"教学的实效性［J］. 科技视界，2013（31）：287.

［11］石龙，王桂荣. 西方体育人文价值的演变［J］. 中国体育科技，2008（5）：20-30.

［12］邵伟德. 美、德、日体育教学模式的特点分析与启示［J］. 外国中小学体育，2007（3）：56-58；18.

［13］刘占霞. 体育运动中发生伤害事故原因分析及预防措施［J］. 当代体育科技，2014，4（26）：14-15.

［14］王毅飞. 大学篮球课中引入"花式篮球"教学方法分析［J］. 体育世界（学术版），2019（6）：156-157.

［15］李江红. 基于翻转课堂的高校篮球教学模式初探［J］. 当代体育科技，2017，7（19）：76；78.

［16］杨三利. 大学篮球教学中比赛教学法的重要性分析［J］. 当代体育科技，2015，5（35）：42；44.

［17］林伟龙. 合作学习方式在篮球教学中的实验研究［J］. 广州体育学院学报，2007（4）：126-128；118.

［18］陈德明，祁金利. 大课程观视野下高校就业指导课程体系的建构［J］. 前沿，2010（5）：132-134.

［19］陈刘宝，刘坤鹏. 高校篮球教学质量提高策略探析［J］. 长春教育学院学报，2015，31（23）：115-116.

［20］吴桐. 普通高校篮球课程教学现状及对策探讨［J］. 文体用品与科技，2019（5）：174-175.

［21］李超. Flash多媒体动画结合训练在篮球球教学中的应用［D］. 武汉：武汉体育学院，2012.

［22］刘扬. 异步教学法在普通高校篮球选项课教学中的应用研究［D］. 长春：东北师范大学，2009.

［23］董杰. 高校体育专业篮球教学方法多元化的应用研究［D］. 上海：华东师范大学，2009.

［24］尹伟. 山东体育学院篮球本科教学中教学方法多元化的应用研究［D］. 济南：山东体育学院，2011.

［25］毕磊. 微信在高校篮球选项课中辅助教学的应用研究——以镇江市高等专科学校为例［D］. 苏州：苏州大学，2017.